Friedrich Graz

Die Metrik der sog. caedmonschen Dichtungen

mit Berücksichtigung der Verfasserfrage

Friedrich Graz

Die Metrik der sog. caedmonschen Dichtungen
mit Berücksichtigung der Verfasserfrage

ISBN/EAN: 9783743671690

Hergestellt in Europa, USA, Kanada, Australien, Japan

Cover: Foto ©Thomas Meinert / pixelio.de

Weitere Bücher finden Sie auf **www.hansebooks.com**

STUDIEN
ZUM
GERMANISCHEN ALLITERATIONSVERS.

HERAUSGEGEBEN

VON

MAX KALUZA,

AO. PROFESSOR AN DER UNIVERSITÄT KÖNIGSBERG.

III. HEFT.

DIE METRIK

DER

SOG. CAEDMONSCHEN DICHTUNGEN

MIT BERÜCKSICHTIGUNG DER VERFASSERFRAGE.

VON

DR. FRIEDRICH GRAZ.

WEIMAR.
VERLAG VON EMIL FELBER.
1894.

DIE METRIK

DER

SOG. CAEDMONSCHEN DICHTUNGEN

MIT BERÜCKSICHTIGUNG DER VERFASSERFRAGE.

VON

DR. **FRIEDRICH GRAZ.**

WEIMAR.
VERLAG VON EMIL FELBER.
1894.

Alle Rechte vorbehalten.

MEINER LIEBEN MUTTER

Vorwort.

Zweck der nachstehenden Untersuchung ist es, an dem Beispiel der sog. Caedmonschen Dichtungen zu zeigen, dass gerade die Vierhebungstheorie ein tieferes Eindringen in den rhythmischen Bau des Alliterationsverses ermöglicht und dass die von Kaluza vorgenommene Einteilung der Alliterationsverse in neunzig Unterarten sich besonders für die Textkritik und die Lösung von Verfasserfragen nutzbar machen lässt. Die aus metrischen Gründen erforderlichen Textänderungen konnte ich allerdings hier nur kurz andeuten; die nähere Begründung derselben erfolgt demnächst in einem besonderen Aufsatze in den Englischen Studien (Band XX).

Mit grosser Freude ergreife ich die Gelegenheit, meinen hochverehrten Lehrern, Herrn Geheimen Regierungsrath Professor Dr. Schade und Herrn Professor Dr. Kaluza hierselbst, die mich zu vorliegender Arbeit angeregt und mir bei Ausführung derselben in freundlichster Weise ratend und helfend zur Seite gestanden haben, meinen wärmsten Dank auszudrücken. Ebenso bin ich Herrn Professor Dr. Kölbing zu Breslau für seine gütige Mitwirkung bei der Correctur des Druckes zu grossem Dank verpflichtet.

Königsberg i. Pr., den 6. October 1894.

Friedrich Graz.

Inhaltsverzeichnis.

Vorwort.
Einleitung...
Die Metrik des Exodus.
   Alliteration.
   Verfasserfrage.....
Die Metrik des Daniel...
   Alliteration..
   Verfasserfrage.......
Die Metrik des Satan
   Alliteration..
   Verfasserfrage.
Die Metrik der Genesis A.
   Alliteration.
   Verfasserfrage.
Die Metrik der Genesis B.
   Alliteration.
   Verfasser..
Ergebnisse...

Die bisherigen Untersuchungen über den rhythmischen Bau des altenglischen Alliterationsverses sind sämtlich von dem ältesten und bedeutendsten Denkmale der altenglischen Dichtung, dem Beowulfliede, ausgegangen, so z. B. Schubert, De Anglosaxonum arte metrica, Berolini 1870; Sievers, Zur Rhythmik des germ. Alliterationsverses, P. u. Br. Btg. X, 209 ff. u. 451 ff.; Hirt, Untersuchungen zur westgerm. Verskunst I, Leipzig 1889; Fuhr, Die Metrik des westgerm. Alliterationsverses, Marburg 1892; ten Brink, Pauls Grundriss der germ. Philol. II, 1, 518 ff.; Kaluza, Studien zum german. Alliterationsvers, Heft 1. 2: Der altenglische Vers, Berlin 1894. Ueber die metrischen Eigentümlichkeiten des Beowulf sind wir also hinreichend unterrichtet; von den übrigen ae. Dichtungen aber sind nur die Werke Cynewulfs und die Judith nach dem Sieversschen Typensystem metrisch zergliedert worden, jene von Frucht, Metrisches und Sprachliches zu Cynewulfs Elene, Juliana und Crist, Diss. Greifswald 1887, und Cremer, Metrische und sprachliche Untersuchung der ae. Gedichte Andreas, Guðlac, Phœnix (Elene, Juliana, Crist), Diss. Bonn, 1888; diese, die Judith, von Luick in P. u. Br. Btg. XI, 470 ff. Von den sogen. Caedmonschen Gedichten wurde nur die Genesis von Schubert in der oben citirten Abhandlung neben dem Beowulf berücksichtigt. Die zahlreichen Untersuchungen über die Autorschaft dieser Dichtungen, z. B. Sievers, Der Heliand und die ags. Genesis, Halle 1875; Strobl, Germania XX, 292—305, Ebert, Anglia V, 124 f. und die Dissertationen von Götzinger, Balg, Groth, Ziegler, Groschopp, Kühn, Steiner etc. (s. Wülker,

Grdr. d. Gesch. d. ags. Lit., p. 111—140, Körting, Grdr. d. engl. Lit.², p. 37—42), beschränken sich bei der Lösung der Caedmonfrage auf blosse Beobachtung der Sprache und Diction oder auf inhaltliche Kriterien. Die metrischen Verschiedenheiten der einzelnen Gedichte sind von ihnen entweder garnicht oder in ganz unzulänglicher Weise herangezogen worden, so dass gerade ein für die Entscheidung der Verfasserfrage hochwichtiges Argument nicht erschöpfend ausgenützt und diese darum noch nicht endgültig gelöst ist. Man weiss zwar jetzt, dass die vier im Cod. Junius XI der Bibl. Bodleiana zu Oxford überlieferten Gedichte Genesis, Exodus, Daniel und Satan nicht von einem, sondern von verschiedenen Verfassern herrühren und dass einige von ihnen ausserdem wiederholt interpoliert worden sind. In betreff dieser Interpolationen stehen jedoch die Ergebnisse der einzelnen Forscher noch in Widerspruch mit einander. Sicher ist nur, dass nach der Untersuchung von Sievers, Der Hel. u. d. ags. Gen., die sogen. Genesis B., V. 235—851, aus einem andern, in Sprache und Versbau dem Hel. sehr nahestehenden Gedichte in die sogen. Genesis A eingeschoben worden ist. Bis zu welchem Umfange aber Exodus, Daniel und Satan überarbeitet worden sind, bedarf einer nochmaligen gründlichen Nachprüfung, die auch von Körting (a. a. O. § 22—25) gefordert wird. Die vorliegende Arbeit soll daher nicht nur die metrischen Eigentümlichkeiten der sogen. Caedmonschen Dichtungen ausführlich erörtern, sondern auch die daraus sich ergebenden Unterschiede in der Behandlung des Alliterationsverses zwischen den vier Gedichten und den einzelnen Teilen derselben zur Lösung der Verfasserfrage nutzbar machen. Denn so streng geregelt auch der Versbau der ae. Alliterationspoesie war, so blieb doch jedem Dichter Spielraum genug, seine Vorliebe für diese oder jene Versart zu bethätigen und dadurch seinem Gedichte ein eigenartiges Gepräge aufzudrücken. Es ist also durch Vergleichung der sich für die einzelnen Dichtungen oder Teile derselben ergebenden metrischen

Bilder möglich, die Anteile verschiedener Verfasser von einander zu sondern. Von grösster Wichtigkeit bei der metrischen Untersuchung ist die Entscheidung über das System, welches ihr zu Grunde gelegt werden soll. Die Zweihebungstheorie* (Vetter, Rieger) ist vollständig unzureichend, wie auch die Dissertationen von Kühn (Ueber die ags. Gedichte von Crist und Satan, Jena 1883) und Steiner (Ueber die Interpolation im ags. Gedichte Daniel. Leipzig 1889) hinlänglich dartbun. Beide berücksichtigen nur die Stabformeln und sehen in der Silbenfüllung zwischen den zwei Hebungen das Charakteristische im Bau des Alliterationsverses. Ein klares Bild von dem Wesen desselben erhalten wir auf diese Weise nicht und ihre Ausführungen sind darum in metrischer Hinsicht wertlos. Auch Sievers' Theorie, welche keinen Unterschied zwischen Nebenhebungen und Senkungen macht, ist nicht imstande, den bei aller Mannigfaltigkeit festgefügten Rhythmus des Alliterationsverses befriedigend zu erklären, ebensowenig wie die Theorien von Möller, Hirt, Fuhr und ten Brink, welche einen Wechsel von vier und drei oder gar zwei Hebungen annehmen, den metrischen Feinheiten des Alliterationsverses gerecht zu werden vermögen. Von den genannten Systemen würde also kein einziges meinen Zwecken entsprochen haben. Wir besitzen aber in der viel älteren und vorzüglicheren Lachmannschen Vierhebungstheorie ein ausgezeichnetes Mittel, um den wahren Rhythmus des altgermanischen Verses zu erkennen, so dass wir alle jene Systeme wohl entbehren können. Durch die Lectüre der kleineren poetischen ahd. Denkmäler, des Otfrid und des Heliand in den Vorlesungen des Herrn Geh. Regierungsrat Prof. Dr. Schade ist mir die Forderung von vier Hebungen für den alten Reim- und Alliterationsvers als unerlässliche Grundbedingung so sehr geläufig geworden, dass die Uebertragung dieser Lachmannschen Vierhebungstheorie auf den ags. Alliterationsvers durchaus nichts Befremdendes für mich hat. Wenn die Vertreter der Zweihebungstheorie es nicht begreifen können, dass Verse wie *hæledum secgan*, Ex. 7; *öd wolcna hröf*, Ex. 298; *men ne cüdon*, Ex. 82; *hand ā-hōfon*, Ex. 581 etc. vierhebig gemessen werden müssen, so ist es mir wiederum ganz unverständlich, wie sie die Verse *cyningas on cordre*, Ex. 191. 465; *brǣddon æfter beorgum*, Ex. 132; oder gar die siebensilbigen Verse *gesette sige-rīce*, Ex. 27; *mōdige meteþegnas*, Ex. 131; *ābrocene burh-weardas*, Ex. 39; *fœderædelo gehwæs*, Ex. 361 u. ä. zweihebig lesen wollen, um von den Heliandversen ganz abzusehen. Die Vierhebungstheorie allein ermöglicht eine strenge Regelung des Versbaues, eine scharfe Abgrenzung der einzelnen Versarten und die Aufstellung bestimmter Gesetze für die Hebungsfähigkeit der Wörter. Auch lassen sich mit mit Hilfe der vier Hebungen die besonderen metrischen Eigentümlichkeiten eines Dichters genau bestimmen und die Frage, ob zwei Gedichte von einem oder von verschiedenen Verfassern herrühren, schon aus rein metrischen Gründen zur Entscheidung bringen.

Ich stehe also vollständig auf dem Boden der Vierhebungstheorie und kann nach dem, was Kaluza (Studien zum germanischen Alliterationsvers, Heft 1), zur festeren Begründung derselben und zur Widerlegung der gegnerischen Ansichten gesagt hat, auf weitere theoretische Erörterungen verzichten. Bei meiner Untersuchung schliesse ich mich möglichst genau an die im 2. Heft der Stud. z. germ. A.-V. enthaltene metrische Analysierung der ersten 1000 Verse des Beowulf an. Um zu zeigen, dass die von Kaluza gegebene Gruppierung der Alliterationsverse in 90 Unterarten sehr wohl auch für andere ae. Gedichte zu verwerten ist, bringe ich zunächst die Verse einer der sog. Caedmonschen Dichtungen zum Abdruck. Ich habe hierzu den Exodus gewählt, weil er am wenigsten umfangreich ist, dabei aber doch wegen der überraschenden Bevorzugung einzelner Versarten eine auffallende Sonderstellung innerhalb der ae. Alliterationspoesie einnimmt.

Die Citate sind Wülkers Neubearbeitung von Greins Bibliothek der angelsächsischen Poesie (II. Band. 2. Hälfte. Leipzig 1894) entnommen. Die dort fehlende Quantitätsbezeichnung habe ich aber aus Greins Text unter Berücksichtigung der von Sievers (P. Br. X) und Kaluza (Stud. z. germ A.-V. 2, 74. 76) gegebenen Berichtigungen beigefügt, auch die unbetonten Mittelvocale der dreisilbigen Wörter mit langer Stammsilbe (z. B. *hālige, hāliges*) nach dem Vorgange von Sievers gestrichen. Alle sonstigen Abweichungen von Wülkers Text sind weiter unten vermerkt.

Exodus.

Erste Halbzeile.

I. (A.) (×) ´×׷(×) ´×׷

1. lángè hwīlè.

7. *h*æledum secgan
41. *d*ēadra hrǣwum
52. Moyses *m*āgum
67. mægnes mǣste
74. *h*ālgan nette
87. *þ*ēoden-holde
92. *w*eroda drihten
100. *w*uldres *w*ōman
118. *h*ārre *h*ǣðe
121. *b*lāce *b*eamas
139. ēdel-lēasum
152. Moyses lēode
158. *g*āras trymedon
160. *þ*ūfas *þ*unian
163. *d*ēawig-federe
173. *m*anna þengel
179. *l*ādum ēagan
188. *w*æpned-cynnes
196. *þ*ūsend-mǣlum
205. mihtig engel
215. *m*āran *m*ægenes
226. *m*ōde rōfra
249. *b*ēama *b*eorhtost.

Zweite Halbzeile.

I. (A.) (×) ´×׷(×) ´×׷

1. lángè hwīlè.

2. Moyses dōmas
5. *b*ōte līfes
8. *w*eroda drihten
12. *l*ēoda aldor
13. *h*erges wīsa
16. *s*igora waldend
23. *w*ordum nǣgde
25. *w*ītig drihten
30. *s*ōðum cræftum
31. *w*erodes aldor.
33. ealdum wītum
44. *l*ēode grētan
51. *w*yrnan þōhton
53. *l*ēofes sīðes
57. *l*āðra manna
59. *g*earwe bǣron
65. *w*erodes bearhtme
70. *b*rūne lēode
75. *w*īdum fæðmum
84. ealle cræfte
89. *h*ālge seglas
94. *b*ēamas twēgen
96. *h*ālges gāstes

258. werodes wīsa
262. mihtig drihten
268. hēnes līfes
279. folca lēofost
281. grēne tāne
285. ealde stadolas
287. fāge feldas
296. rēade strēamas
305. ānes mōdes
306. fæstum fædmum
334. manna menio
344. dēawig sceaftum
348. īsern-hergum
353. eorla ædelo
362. nīwe flōdas
372. tuddor-tēondra
382. hālge hēapas
385. hālges hǣsum
398. Abraham Isaac
404. fēores frōfre
408. ealde lāfe
415. hālig tīber
417. wuldres hlēodor
422. fæste trēowe
432. wyrda waldend
447. gāstas geōmre
459. strēamas stōdon
461. lāde cyrmdon
462. fǣgum stæfuum
471. witodre wyrde
480. wīde wǣdde
493. fāmig-bōsma
529. metodes miltsa
544. ēadge gāstas
549. manna mildost
550. hlūdan stefne
551. witodes willan
568. hālge hēapas
570*. feorh of | fēonda dōme
571*. weras under | wætera hrōfas
572*. ealle him brimu | blōdge þūhton
573*. hrēddon | hilde-spelle

98. mōdes rōfan
99. blūdan stefnum
102. metodes folce
108. oder wundor
110. līge scīnan
111. blāce stōdon
112. scīre lēoman
116. nȳde sceolde
118. holmgum wederum
120. fȳrne loccas
122. hātan līge
124. Moyses hȳrde
125. scyldas līxton
126. rihte stræte
136. egsan stōdan
146. mordor fremedon
147. wǣre frǣton
149. mānum trēowum
150. fācne gyldan
159. bȳman sungon
161. hilde-grǣdge
164. wulfas sungon
168. middum nihtum
170. wlance þegnas
171. mēara bōgum
175. cumbol līxton
177. healdan georne
181. hilde grētton
182. þēoden-holde
183. lēoda dugeðe
186. ædelum dēore
189. findan mihte
193. gearwe bǣron
194. ēcan lǣddon
201. egesan stōdon
209. hēttend seomedon
211. ēdel-rihtes
216. ǣrnum bēmum
219. bēacnum cīgean
225. fēdan twelfe
227. wīelelan cynnes
228. lēoda dugude
230. cūdes werodes

578. āclum stefnum
582. blīdc wǣron

2. fólcùm getrǣge.

34. dēade gedrenced
38. frēcne geſylled
68. nearwe genȳddon
79. drihta gedrȳmost
115. heolstor āhȳdan
199. billum ābrēotan
272. sigora gesynto
336. synnum āswefede
469. fæste geſeterōd
470. searwum āsǣled
497. fæste beſarene
520. dōma gehwilcne
532. wommum āwyrged
569. līfe gefēgon

3. fólce tō frófrè.

46. hergas on helle
88. ſolce tō frōfre
128. landes æt ende
130. wyrpton hīe wērge
176. wīges on wēnum
191. cyningas on cordre
269. ābrōden of brēostum
302. segnas on sande
405. lēodum tō lāfe
407. fæste mid folmum
424. āwa tō aldre
440. stānas on eordan
456. herges tō hāme
465. cyningas on cordre
466. wǣges æt ende
535. murnað on mōde

4. sǽgdest fròm his sìdè.

73. bælce oferbrǣdde
132. brǣddon æfter beorgum
143. manna æfter māðmum
218. habban heora hlencan
222. brūdon ofer burgum

234. rǣswan herges
237. ſolmum werigean
244. lǣstan wolde
246. grētan mihte
252. hilde-calla
256. rīces hyrde
257. hālgan stefne
260. sīde hergas
266. dēade fēðan
270. wuldres aldor
271. lissa bidde
276. hlūde stefne
282. ofstum wyrced
288. ȳðe þeahton
294. fæðme weorðen
301. hwīte linde
307. hālges lāre
308. lǣste nēahor
310. ſyrmest ēode
312. Jūdisc fēða
317. āgan sceolde
322. dēora cēnost
324. lange þolīan
332. randas bǣron
340. folca þrȳðum
341. swēotum cōmon
342. þūfas wundon
356. cēnra manna
357. hālge þeode
359. ealde reccað
364. drence-flōda
366. hālge trēowa
369. foldan hæfde
370. ēce lāfe
375. beornas feredon
377. wordum secgað
378. nigoða wǣre
384. lēofost feora
390. wītgan lārum
391. tempel drihtne.
401. beorna sēlost
403. yrfe-lāfe
411*. wolde slēan | eoforan sīnne.

366. *h*æfde him on *h*redre
387. wære h*ī*e þær fundon
396. *f*ira æfter *f*oldan
403. *o*ngan ofer eordan
436. *y*ldo ofer eordan
510. *b*odīgean æfter *b*urgum

5. lánd gèsáwòn.

207. gesēon tōsomne
386. *s*ib-gemāgas
581. *h*and ā-*h*ōfon

6. géong ìn géardùm.

42. *w*ōp wæs *w*īde
192. *h*orn on *h*ēape
213. *w*ēan on *w*ēnum
245. *m*ōd mid ǣran
339. ēad and ǣdelo
355. *f*rōd on *f*erhde
394. *h*ēahst and *h*ālgost
395. *m*ǣst and *m*ǣrost
413. *m*agan mid *m*ēce
419. *s*unu mid *s*weorde
454. *g*ylp weard *g*nornra
457. *w*yrd mid *w*ǣge
460. *h*ēah tō *h*eofonum
492. *h*ēah of *h*eofonum
523. *b*eorht in *b*rēostum
546. *d*ugod on *d*rēame
556. *b*urh and *b*ēagas
586. *r*ēaf and *r*andas

7. wéox ùnder wólcnùm.

80. *w*and ofer *w*olcnum
127. *s*egn ofer *s*wēotum
195. *l*ād æfter *l*ādum
228. ā-*l*esen under *l*indum
251. *l*ēoht ofer *l*indum
351. cynn æfter cynne
467. *h*ēah ofer *h*æledum
536. *f*æst under *f*oldan

412. *e*egum rēodan
421. wǣre h*ē*olde
423. *l*engest weordan
425. *m*āran trēowe
428. *f*oldan scēatas
431. engla þēoden
436. e*a*lle cræfte
437. *s*ōdum wordum
441. scalte *y*da
444. *l*ēode þīne
445. *f*olca sēlost
453. *h*āmas findan
464. *m*ōdge swulton
472. *s*ealtum *y*dum
473. ēce stadulas
474. *n*ēosan cōme
481. *f*ǣge crungon
483. *w*ǣgas burston
486. *w*lance *d*ēode
490. egesan stōdon
494. alde mēce
495. *d*rihte swǣfon
496. *s*āwlum lunnon
509. *s*ecgan mōste
511. *h*æleda cwēnum
515. ēce rǣdas
516. *M*oyses sægde
517. *h*ālge sprǣce
521. *s*ōdum wordum
524. *g*āstes cǣgum
527. *m*ōdum tǣcan
530. *b*eteran secgad
533. ēdel-lēase
534. *g*ihdum healdad
538. *r*īce dǣlad
541. *d*rihten sylfa
542. *m*anegum dēmed
543. *s*āwla lēded
546. *d*rihten herigead
549. *m*ihtum swīded
556. *b*rāde rīce
558. engla drihten
559. *f*æderyn-cynne

8. sód is gecýdèd.
54. ȷyrd wæs gefýsed
446. ȷolc wæs ā-fēred
525. rūn bid gerecenōd

9. flóta wæs on ýdùm.
21. ofer-cōm mid þȳ campe
252. ā-hlēop þā for hæledum
276. hōf þā for hergum
501. Faraon mid his folcum
553. micel is þēos menigeo

10. sórh is mè tō sécgan.
56. ofer-fōr hē mid þȳ folce

11. wís-fæ̀st wórdùm.
18. on-wist ēdles
174. gūd-weard gumēna
193. gūd-þrēat gumēna
361. ȷrum-cyn feora
363. þrym-fæst þēoden
433. sōd-fæst sigora
468. mere-strēam mōdig

12. fólc-stède frǽtwàn.
137. wæl-gryre weroda
240. gylp-plegan gāres
329. bil-swadu blōdge
563. bēor-selas beorna

13. Béowùlf wæs brémè.
109. syllīc æfter sunnan
463. rand-byrig wǣron rofene

14. Gréndlès gūd-crǽft.
22. feonda folc-riht
26. eordan ymb-hwyrft
44. ā-lȳfed lād-sīd
78. hāte heofon-torht
81. sunnan sīd-fæt
104. līfes lāt-þeow
116. nīwe niht-weard

560. halge lāre
565. segnas stōdon
569*. þā'hīe' ūd- | hæded hæfdon
571*. gesāwon hie þær | weallas standan
574. hlūde stefne
575. drihten heredon
579. Afrisc mēowle
584. segnum dǣlan
585. calde mādmas
588. werigend lāgon

2. fólcùm gefrǣ̀gè.
36. since berofene
43. handa belocene
62. ȷyrde gelǣdde
76. efne gedǣled
90. lēode ongēton
130. wiste genǣgdon
148. heortan getenge
151. drēore gebohte
153. spēde forgēfe
190. ealle ætgædere
220. snelle gemundon
222. bȳman gehȳrdon
241. hilde onþīhan
254. ȷyrde gestillan
255. monige gehȳrdon
292. miltse gecȳdde
297. fægre gestēpte
320. beacen ā-rǣred
368. mīne gefrǣge
387. wuldor gesāwon
394. hǣledum gefrægost
396. folmum geworhte
400. līge gesyllan
439. ealle gerīman
448. blōde bestēmed
476. heolfre geblanden
504. hilde gescēadan
532. wreccum ā-lȳfed
537. yfela gehwylces
548. rǣda gemyndig

138. lādne lāst-weard
202. weredon wæl-net
221. weardas wīg-heod
261. eorla unrīm
335. eode unforht
429. eordan ymb-hwyrft
533. earmra an-bīd
552. mōdges mūd-hæl

15. ísig ònd ūt-fūs.

216. eorlas on uht-tīd
275. mōdig and mægen-rōf
505. yrre and eges-full
539. yldo odde ār-dēad

16. héah ànd hórn-géap.

13. horse and hreder-glēaw
57. land and lēod-weard
129. fūs on ford-wēg
204. werud wæs wīg-blāc
311. wōd on wǣg-strēam
587. gold and god-web

17. fólc òdde frēo-bùrh.

19. hēah wæs þæt hand-lēan
210. mægen odde mere-strēam

18. snéllìc sǽ-rìnc
fehlt.

19. nýd-wrácu níd-grìm.

3. wræc-lico word-riht
61. mearc-hofu mōr-heald

20. gámol-féax ond gúd-ròf.
fehlt.

21. hǽfde sè gódà.

64. siddan hīe fēondum
299. æfter þām wordum
410. þonne hē hýrde
487. ne mihton forhabban
507. fordam þæs heriges
564. æfter þām wordum

551. wundor ongēton
570*. pēah de hīe hit | frēcne genēddon
573*. siddan hīe pām | herge widtōron
580. golde geweordōd
582. būte gesāwon

3. fólce tò trófré.

140. wǣre ne grymdon
165. ātes on wēnan
218. hycgan on ellen
233. wāce ne grētton
240. gamele ne mūston
323. hýndo ne woldon
409. lēofran ne wisse
427. wīddra and sīddra
440. steorran on heofonum
508. ānig tō lāfe

4. sǽgdest fròm his sídè.

7. gehýre sē de wille
81. segle ofertolden

5. lánd gèsáwòn.

72. folc gescylde
95. efn-gedǣlde
103. ford gesāwon
119. ferhd getwǣfde
123. werod forbærnde
141. ǣr gelyfde
142. in-gefolca
156. ford ongangen
178. fēond onsēgon
187. ūt ā-lǣdde
214. somod ætgædere
217. frecan ā-rīsan
247. here ætgædere
284. holm gerýmed
286. men gefēran
295. up ā-rǣrde
360. mǣst gefrūnon
388. swā | hæled gefrūnon

22. sóna þæt onfúnde.

30. hæfde hē þā geswīded
69. wiston him bē sūdan
86. siddan hē mid wuldre
144. ealles þæs forgēton
155. siddan hīe gesāwon
170. hwīlum of þām werode
183. hæfde him ā-lesene
189. þāra þē hē on dām fyrste
197. hæfdon hīe gemynted
200. forþon wæs in wīcum
212. sæton æfter beorgum
224. siddan hīe getealdon
266. ne willað ēow andrǣdan
307. nalles hīe gehȳrdon
316. siddan him gesǣlde
319. hæfdon him tō segne
325. þonne hīe tū gūde
331. æfter þǣre fyrde
365. þāra ðē gewurde
367. forþon hē gelǣdde
376. þāra þē under heofonum
384. siddan hē gelǣdde
438. nymde hwylc þæs snottor
498. siddan hīe on bōgum

23. éow hēt sécgan.

295. nū sē āgend
418. ne sleh þū Abraham

24. ic hine cūde.

180. ymb hine wǣgon
185. þæt wǣron cyningas
434. þæt þīnes cynnes

25. ic þæt gehȳre.

16. þǣr him gesealde
406. hē þæt gecȳdde
442. ac hīe gesittað
500. þā þē gedrencte
557. wile nū gelǣstan
560. gif gē gehealdað

397. magan gelǣdde
443. in-geþēode
451. eft oncyrde
452. fǣr ongēton
479. mōd gerȳmde
555. cyn gelȳfed
567. werud gelǣded

6. géong in géardum.

28. ǣr ne cūdon
47. dǣg wæs mǣre
82. men ne cūdon
93. fȳr and wolcen
97. dagum and nihtum
114. nēah ne mihton
206. leng ne mihton
235. gȳt ne mihton
264. leng ne mōton
293. ofest is sēlost
311. wigan on hēape
371. fæder and mōder
416. stefn of heofonum
426. heofon and eorðe
435. rīm ne cunnon
526. word on fædme
576. wīf on ōdrum

7. wéox under wólcnum.

196. þider wǣron fuse
283. wegas syndon drȳge
347. for æfter ōdrum
350. folc æfter wolcnum
561. ford ofergangað

8. sōð is gecȳdēd.

35. hēaf wæs genīwad
45. fēond wæs berēafod
169. folc wæs gehǣged
207. sīd wæs gedǣled
221. werod wæs gefȳsed
226. mægen wæs onhrēred
290. brim is ārēafod
419. sōð is gecȳded

26. þá wǽs on burgum.
235. þā þē for geognde
243. ac hīe bū wæstmum
259. ne brōd gē þȳ forhtran
273. þis is sē ēcea
294. þæt gē of ꞇonda
380. þæt is sē Abraham
389. þær eft sē snottra
421. þæt þū wid waldend

27. nú gē mōton gángàn.
24. þær hē him gesægde

28. nó hē þòne gíf-stōl.
63. hēht þā ymb twā-niht
150. woldon hīe þæt feorh-lēan
151. þætte hē þæt dǣg-weorc
400. wolde þone lāst-weard

29. wéardòde hwílè.
117. wīcian æfter weredum
265. ægnian mid yrmdum

30. trýddòde tír-fìest fehlt.

II^a (B). (×)×(×) ×××(×) ×.
31. hìm on béarmè lǽg.
2. ofer middan-geard
23. þæt hine weroda god
28. done yldo bearn
48. ofer middan-geard
49. swā þæs fæsten drēah
51. þæs þe hīe wīde-ferd
53. on langne lust
85. hū ā/æstnōd wæs
141. dēah þe sē yldra cyning
142. dā weard yrfe-weard
154. þā him eorla mōd
167. on lādra lāst
186. on þæt ēade riht

458. mægen wæs ādrenced
482. lyft wæs onhrēred
583. hæft wæs onsæled

9. flóta wǽs on ýdùm.
54. from sē de lædde
106. folc wæs on sālum
223. fyrd wæs on ofste
267. fyrst is æt ende
326. þraca wæs on ōre
449. hrēam wæs on ȳdum
468. mægen wæs on cwealme
564. werod wæs on sālum
566. folc wæs on lande

10. sórh is mē tō sécgàn jehlt.

11. wís-fæ̀st wórdùm.
105. sǣ-men æfter
157. ȝored līxan
229. fīftig cista
327. hæg-steald mōdge
489. gār-secg wēdde
518. dǣg-weorc nemnad

12. fólc-stède frǽtwàn.
325. gār-wudu rērdon
572*. þurh þā heora | beado-searo wǣgon

13. Béowùlf wǽs brémè fehlt.

14. Gréndlès gád-crǽft.
61. Moyses ofer þā
351. cūde āg-hwilc
362. Nōe ofer-lād
522. līfes wealh-stōd

15. ísig ònd ùt-fùs fehlt.

— 13 —

190. wǣron *i*nge men
237. wið *f*lāne *f*eond
239. ofer *l*inde *l*ærig
255. þenden *m*ōdges *m*edel
278. hwæt! gē nū *ea*gum tō
280. hū ic *s*ylfa *s*lōh
286. ofer *m*iddan-geard
292. þæt ēow *m*ihtig god
308. sid*d*an *l*ēofes *l*ēoþ
310. þā þæt *f*ēorde cyn
312. ofer grēnne *g*rund
317. þæt hē *e*aldor-dōm
337. on *l*ēofes *l*āst
377. swā þæt *w*īse men
402. his swǣsne sunu
416. þā him *s*tȳran cwōm
425. hū þearf *m*annes sunu
426. ne be*h*wylfan mæg
427. his *w*uldres *w*ord
428. þonne be*f*ædman mǣge
439. þæt hē āna mǣge
476. wæs sēo *h*ǣwne lyft
479. þurh *M*oyses hand
485. mid *h*ālge *h*and
522. gif on*l*ūcan wile
566. on *f*ægerne swēg
567. hæfde *w*uldres bēam
580. on *g*eofones stađe.

32. hē þæs frōfrè gebād.

20. gesealde *w*ǣpna gewealdh
98. þā ic on *m*orgen gefrægn
187. forþon āura gehwilc
209. þēah đe him on *h*ealfa gehwām
227. wæs on āura gehwām
230. hæfde cista gehwilc
561 þæt gē *f*eonda gehwone

33. þām w*i*fè þā word.

206. þæt þær gelāde mid him
528. þæt wē *g*ēsne ne sȳn

16. hēah and hórn-gēap.
203. *f*ēond wæs ān-mōd

17. fólc òdde frēo-bùrh,
18. snéllic sæ-rìnc,
19. nȳd-wrācu nìd-grìm,
20. gámol-fèax and gád-ròf,
21. hǽfde sè góda,
22. sóna þæt onfúndè,
23. èow hèt sécgàn,
24. ic hìne cúdè,
25. ic þæt gehȳrè,
26. þá wǽs on búrgùm,
27. uú gē môton gángàn,
28. nó hē þónc gif-stòl.
29. wéardôde hwilè,
30. trȳddôde tír-fæst
fehlen.

II*a* (B). (×)×(×) ××̇×(×) ×̇
31. hìm on béarmè lèg.
9. mid his sylfes miht
10. and him *w*undra fela
17. his *m*āga feorh
20. wið *w*rādra gryre
22. đa wæs *f*orma sīđ
27. and his *s*ylfes naman
37. æt *m*iddre niht
48. þā sēo *m*engeo fōr
71. þær *h*ālig god
80. hæfde *w*ītig god
87. þā wæs þridda wīc
91. þæt þær *d*rihten cwōm
117. þȳ læs him *w*ēsten-gryre
132. siddan *b*ȳme sang
133. þā wæs *f*eorđe wīc

34. him þú Scyld gewát.
214. call seo sib-gedriht
229. on folc-getæl
234. in þæt rinc-getæl
369. on feorh-gebeorh
502. siddan grund gestāh

35. nè léof nè lád.
1. hwæt! wē feor and neah
545. þǣr is leoht and līf

36. þù wást gif hit is.
fehlt.

37. wès þū Hródgár hál.
233. þæt wæs wīglīc werod

38. þá him Hródgár gewát,
39. þæt ic ǽnigra mé,
40. wæs him Béowulfes síd.
fehlen.

II b. (D²) (x) x́x x́x x́(x) x́
41. blǣd wídè spráng.
29. frōd fædera cyn
105. segl sīde wēold
107. hlūd herges cyrm
140. wēan wītum fæst
169. flēah tǣge gāst
220. swēot sande nēar
291. sand sǣcir spāw
449. holm heolfre spāw
475. fāh fēde-gāst
541. dǣg dǣdum fāh

42. flóta stíllè búd.
47. druron deofol-gyld
165. atol ǣfen-leoð
201. atol ǣfen-leoð
203. flugon frēcne spel
450. wæter wēpna ful

134. bē þan readan sǣ
138. sē de him lange ær
152. þǣr him mihtig god
199. on hyra brōdor-gyld
202. þā sē wōma cwōm
210. nāhton māran hwyrft
245. cac þan mægnes cræft
261. him eallum wile
262. þurh mīne hand
269. ic on beteran rǣd
275. mid þære miclan hand
277. þā hē tō leodum spræc
280. and þēos swīdre hand
298. ōd wolcna hrōf
305. swylce him yda weall
309. and sauges bland
314. swā him mihtig god
330. þǣr Jūdas for
333. ofer sealtne mersc
335. hē his ealdor-dōm
336. þæt hē sīdor for
349. þȳ hē mǣre weard
352. swā him Moises bead
380. sē him engla god
386. on Stone beorh
395. þāra þe manna bearn
399. nō þȳ fægra wæs
418. þīn agen bearn
422. sēo þe frēode sceal
430. and þēos geōmre lyft
432. and wereda god
433. þurh his sylfes līf
471. hwonne wadema strēam
484. þā sē mihtga slōh
531. þis is lǣne drēam
540. ofer middan-geard
545. cac þon lissa blǣd
547. tō wīdan feore
552. hē tō mænegum spræc

32. hè þæs fróf rè gebúd.
101. swā him Moyses bebead
143. þæt hē swā miceles gedāh

537. *o*pen *r*ce scræf
576. *w*eras *w*uldres sang

43. grétte Géatà léod.

346. *m*orgen mǣre-torht

44. þégn nýttè behêold.
fehlt.

45. àtol ýdà geswíng.

381. *n*aman *n*īwan āscēop
411. *u*p ārǣmde sē *e*orl
455. *a*tol ýda gewealc
588. *w*era *w*uldor-gestcald

46. fírst fórd gèwát.

103. *f*ūs *f*yrd-getrum
178 *f*æst *f*yrd-getrum

47. wérod éall àrás.
fehlt.

48. léoda lánd-gèwéorc.

490. *u*p ātēah *o*n slēap

49. wórd-hórd ònlêuc.

232. *t*ȳn-hund geteled
303. *u*p-lang gestōd
371. *f*rum-cnēow gehwæs

50. médo-stíg gèmǽt.

482. *l*agu-*l*and gefēol

III. (E) (×) ××××(×) ⸴

51. égsödè éorl.

32. *F*araones *f*ēond
332. *R*ūbēnes sunu
358. *I*sraela cyn

52. múrnèndè mód.

101. *m*ōdigra mægen
111. *b*yrnende *b*ēam

204. ōd þæt *w*lance forsceaf
205. sē dā *m*enigeo behēold
215. ōd *M*oyses bebēad
304. wæs sēo *e*orla gedriht
374. ēac þon sǣda gehwilc
415. ac mid *h*anda befēng
455. ne dǣr ǣnig becwōm
456. ac be*h*indan belēac
475. sē de *f*ēondum genēop
488. ac hē *m*anegum gescēod
520. þāra de him *d*rihten bebēad
557. þæt hē *l*ange gehēt

33. þàm wífè þū wórd
fehlt.

34. hìm þū Scýld gèwát.

11. in ǣht forgeaf
296. in *r*and-gebeorh
382. in ge*h*yld bebēad
404. þā hē swā *f*ord gebad
406. þā hē þone cuiht genam
454. him on-*g*ēn genāp
529. hē ūs *m*ā onlȳhd

35. nè léof nè lád.

339. hē wæs *g*earu swā þēah
381. ēac þon *n*ēah and feor
536. þǣr bid *f*ȳr and wyrm

36. þū wást gíf hit ís.

285. þā ic ǣr ne gefrægn

37. wès þū Hródgàr hál.

192. tō hwæs *h*ægstcald-men

38. þà him Hrodgàr gewát,
39. þæt ic ǣnigra mé,
40. wès him Béowùlfes síd.
fehlen.

145. *E*gypta cyn
300. *m*ōdigra *m*ægen
489. *g*yllende *g*ryre

53. ǽdelīngès fǽr.

277. *l*ifigendra *l*ēod

54. béag-hröděn cwén

290. *h*æd-weges *b*lǣst

55. wéord-*m*y̆ndům páh.

35. *h*ord-wearda *h*ryre
90. *l*yft-wundor *l*ēoht
97. *d*ēor-mōdra sīd
134. *r*and-wigēna ræst
166. *c*ār-lēasan dēor
246. *g*ār-bēames feng
274. *f*rum-sceafta *f*rēa
304. *ā*n-dægne fyrst
322. *d*riht-folca mǣst
338. *f*rum-bearnes riht
352. *m*ǣg-burga riht
357. *h*ēah-fædera sum
368. *m*ādm-horda mǣst
430. *g*ār-secges *g*in
441. *s*ǣ-beorga *s*and
472. *s*in-calda *s*ǣ
478. *s*ǣ-manna sīd
494. *u*n-hlēowan wǣg
496. *s*yn-fullra swēot
499. *m*ōd-wǣga mǣst
511. *h*ord-wearda *h*ryre
517. *h*ēah-þungen wer
524. *g*in-fæsten god
554. *f*ullēsta mǣst
577. *f*olc-swēota mǣst

56. wlíte-běorhtnè wány.

349. *m*ægen-þrymmum mǣst
464. *m*ere-dēada mǣst
488. *m*ere-strēames mōd
540. *m*ægen-þrymma mǣst

II^b . (D^2) (×) ×͞× ×͞×× (×) ×͞

41. blǽd wídè spráng.

417. w̄ord æfter spræc

42. flóta stíllè bád.

39. *b*ana wīde scrād
300. *m*ere stille bād
345. *g*odes bēacna sum
447. *g*eofon dēade hwēop
550. *h*ere stille bād

43. grétte Géatà léod.
44. þégn ny̆ttè behéold
     *f*ehlen.

45. àtol ýdà geswíng.
249. *b*idon ealle þā gēn

46. fy̆rst fórd gèwát.

88. *f*yrd eall geseah
191. *c*ūd oft gebād
200. *w*ōp up ā-hafen
253. *b*ord up ā-hōf
315. *d*ēop lēan forgeald
459. *s*torm up gewāt
461. *l*yft up geswearc
452. *f*lōd blōd gewōd
506. *d*ēop lēan gescēod
507. *h*ām eft ne cōm

47. wérod éall à-rás.

41. *d*ugōd ford gewāt
46. *h*eofon þider becōm
100. *m*erod eall ā-rās
248. *f*ana up gerād
299. *m*erod eall ā-rās
334. *m*icel ān-getrum
346. *m*ægen ford gewāt
499. *m*ægen eall gedrēas

48. léoda lándgèwéorc.
    *f*chlt.

57. Wélàndès gewéorc.

108. ǣfenna gehwām

58. ǽdelīngà gedríht.
6. lifigendra gehwām

59. ā́n-fēaldnè gepṓht.
330. grīm-helma gegrind
383. wer-þēoda geweald
473. æf-lāstum gewuna

60. wórold-ā̀rè forgéaf.
fehlt.

IV^a (C). (×)×(×) | ××ːːː |.

61. swà rīxṑdè.
10. gewyrdūde
65. ymb-wīcīgean
89. hū þǣr hlīfedon
256. wolde reordīgean
270. þæt gē gewurdīen
378. þæt from Nōee
391. getimbrēde
420. nū þīn cunnōde
515. þanon Israhelum
530. nū ūs bōcēras
548. swā reordōde
555. hafað ūs on Cananea

62. him sē ýldèstà.
8. þone on wēstenne
31. and gewurdōdne
112. ofer scēotendum
123. þæt hē on wēstenne
364. þone dēopestan
393. sē wīsesta
437. tō gesecgenne
443. ōd Egipte
451. wǣron Egypte
503. þæt wæs mihtigra

49. wórd-hórd ònlèac.
58. uncūð gelād
77. līg-fȳr ā-dranc
129. fyrd-wīc ā-rās
135. fǣr-spell becwōm
137. wræc-mon gebād
139. ōht-nīed gescrāf
174. grīm-helm gespēon
289. sūð-wind fornam
302. sǣ-weall ā-stāh
313. un-cūð gelād
354. land-riht geþāh
398. ād-fȳr onbran
407. folc-cūð getēag
450. wœl-mist ā-stāh
467. holm-weall ā-stāh
491. wit-rōd gefēol.

50. médo-stig gèmǣt.
512. mere-dēað geswealh.

III. (E). (×) | ××ːːː (×) | ×

51. égsōdè ćorl.
14. Faraones cyn
18. Abrahames sunum
66. Aethānes byrig
198. Israhela cynn
265. Israhela cyn
273. Abrahames god

52. múrnèndè mōd.
50. Egypta folc
56. fæstenna worn
73. byrnendne heofon
213. wæccende bād
321. gyldenne lēon
487. helpendra pad
505. Egyptum weard

53. ǽdelīngès fǣr.
fehlt.

63. hū þā æðelingas.

264. þæt hīe lifigende
324. bē him lifigendum

64. in geár-dágum.

4. in *u*p-rodor
37. hæfde *m*ān-sceadan
43. wæron *h*leahtr-smidum
66. mid æl-fere
72. wið *f*ēr-bryne
94. in *b*eorht-rodor
95. þūra æg-hwæder
110. ofer *l*ēod-werum
124. nymðe hīe *m*ōd-hwate
126. gesāwon *r*and-wigan
146. ðā hēo his *m*ēg-winum
172. him þǣr *s*egn-cyning
198. tō þām ǣr-dæge
208. hæfde *n*ȳd-fara
244. hū in *l*ēod-scipe
250. hwonne *s*īð-boda
254. hēht þā *f*olc-togan
314. for his *m*ǣg-winum
343. ofer *g*ār-fare
347. þā þǣr *f*olc-mægen
350. on *f*orð-wegas
397. tō þām *m*eðl-stede
409. þæt hē him *l*īf-dagas
423. in *l*īf-dagum
448. wǣron *b*eorh-hliðu
495. þæt *d*ȳ *d*ēað-*d*repe
521. on þām *s*īð-fate
526. hafað *w*īslicu
534. þysne *g*yst-sele
542. on þām *m*eðl-stede
558. mid ād-sware
559. in *f*yrn-dagum
589. on *d*ēað-stede

65. þæt ic sǣ-nǣssas.

59. oð þæt hīe on *G*ūd-myrce
82. swā þū mæst-rāpas

54. béag-hröðen cwén.

69. Sigelwara land.

55. wēord-mȳndùm þáh.

6. *l*ang-sumne rǣd
15. *g*yrd-wīte band
21. cnēo-māga fela
24. sōð-wundra fela
34. *d*riht-folca mǣst
38. *f*rum-bearna fela
63. *t*īr-fæstne hæleð
67. *m*earc-londum on
74. *h*āt-wendne lyft
79. *d*ūg-scealdes hlēo
85. *f*eld-hūsa mǣst
121. *b*ell-egsan hwēop
154. or-trȳwe weard
167. *l*ēod-mægnes fyl
173. *m*earc-þrēate rād
176. *w*æl-hlencan scēoc
179. *l*and-manna cyme
195. *l*ēod-mægnes worn
208. *n*iht-langne fyrst
239. *h*c-wunde swor
250. sǣ-strēamum nēah
251. *l*yft-edoras bræc
258. *w*urd-myndum spræc
279. *f*ǣr-wundra sum
281. *g*ār-secges dēop
318. cnēow-māga blǣd
355. *f*rēo-māgum lēof
405. *l*ang-sumne biht
469. *f*orð-ganges nēþ
477. *b*lōd-egesan hwēop
480. *w*æl-fæðmum swēop
493. *f*lōd-wearde slōh
523. *b*ān-hūses weard
578. *e*all-wundra fela
589. *d*riht-folca mǣst

83. ne dā segl-rōde
119. on fēr-clamme
153. on þām spild-sīde
168. hrēopon mearc-weardas
211. wǣron or-wēnan
225. on þām ford-herge
236. under bord-hrēodan
242. gif him mōd-hēapum
247. þā wæs hand-rōfra
271. and ēow līf-frēgan
288. in ēcnysse
315. þæs dǣg-weorces
320. ofer bord-hrēodan
321. in þām gār-hēape
345. ofer gār-secge
359. swā þæt or-þancum
360. þā þē mǣg-burge
401. in bæl-blȳse
506. þæs dǣg-weorces
519. swā gȳt wer-þēode
538. swā nū regn-þēofas
543. þonne hē sūd-fæstra
575. for þām dēd-weorce
579. þā wæs ēd-fynde
584. ongunnon sǣ-lāfe
585. on ȳd-lāfe

66. ófer lágu-strǣte.

5. æfter bealu-sīde
75. hæfde weder-wolcen
120. hæfde fore-genga
122. in þām here-þrēate
148. wǣron hēado-wylmas
238. nē him bealu-benne
257. ofer here-ciste
297. synt þā fore-weallas
318. ofer cync-rīcu
323. bē þām here-wīsan
453. woldon herc-blēade
504. wolde heoru-fædmum
512. ac þā mægen-þrēatas
516. on mere-hwearfe
527. wile meagollīce

56. wlíte-bèorhtne wáng.

42. woruld-drēama lyt
115. heofon-candel barn
306. freodo-wǣre hēold
316. sigor-worca hrēd
329. beadu-mægnes rēs
460. here-wōpa mǣst
485. heofon-rīces weard
503. mere-flōdes weard
510. bealo-spella mǣst
553. mægen-wīsa trum

57. Wélùndès gewéorc.

4. ēadigra gehwām
587. Josēpes gestrēon

58. ǽdelùngà gedriht
    fehlt.

59. án-fèaldnè gepóht.

60. lyft-helme beþeaht
109. setl-rāde behēold
128. lēod-mægne forstōd
338. frēo-brōdor od-þāh
343. gūd-cyste onþrang
344. dǣg-wōma becwōm
446. flōd-egsa becwōm

60. wórold-ǽrè forgéaf.

107. heofon-bēacen āstāh
361. fæder-ædelo gehwæs

IVª (C). (×)×(×) | ×̣×̣×̣×̣ |

61. swà ríxòdè.

86. geweordōde
272. þǣr gē sīdīen
303. wid Israhelum

62. hìm sē ýldèstà,
63. hù þā ǽdelùngàs
    fehlen.

67. on bearm scipes.
12. he wæs lēof gode
33. þa wæs iū gere
60. wæron land heora
135. dǣr on fyrd hyra
194. swā þǣr eorp werod
375. on bearm scipes
414. ne wolde him beorht fæder
431. hē ād swered
509. þætte sīd heora

68. ic tō sǣ wille.
fehlt.

69. on fæder bearme.
25. hū þās woruld worhte
93. him beforan forau
263. tō dæge þissum

70. to brimes farode.
fehlt.

IVᵇ. (D¹). (×)×× | ××׫ |
71. stig wisode.
50. eald-wērīge
156. fyrd Faraones
217. folc somnīgean
309. swēg swidrode
444. land Cananea
481. flōd fāmgōde

72. gode puncode.
91. dugod Israhela
341. sunu Simeones
379. fæder Abrahames
458. mere modgode

73. Beowulf mādelōde.
147. wrōht berēnēdon.

74. sǣ-lidēnde.
45. folc ferende
84. eord-būende

64. in gēar-dagum.
26. and up-rodor
32. on ford-wegas
68. on nord-wegas
155. of sūd-wegum
224. wid þām tēon-hete
337. him on lēod-sceare
379. on folc-tale
429. and up-rodor
544. on up-rodor

65. þæt ic sǣ-næssas.
127. od þæt sǣ-fæsten
163. ofer driht-nēum
185. and cnēow-māgas
434. and cnēow-māga

66. ofer lagu-strǣte.
197. tō þām mægen-hēapum
365. on woruld-rīce
367. ofer lagu-strēamas
393. on woruld-rīce
402. tō sige-tībre

67. on bearm scipes.
172. wid þone segn foran
243. him wig curon
268. ēow is lār godes
274. sē dās fyrd wered
287. þā ford heonon
291. ic wāt sōd gere
319. þā hīe on sund stigon
353. him wæs ān fæder
363. mid his þrīm sunum
478. od þæt sōd metod
501. hē onfond hrade
563. bid ēower blǣd micel
568. on hild godes

68. ic tō sǣ wille.
19. and him hold frēga
83. gesēon mealhton

96. hēah-þegnunga
184. tīr-ēadigra
231. gār-berendra
260. sweord-wīgendra
333. sīē-wīcingas
373. mis-micelra
392. alh hāligne
412. unweaxenne
435. rand-wiggendra
477. brim berstende
518. dēop ærende

75. séle-rǣdènde.

62. fela meoringa
452. flugon forhtigende

76. édel Scýldìngà.

326. þēoda ǣnigre.

77. léof lánd-frümà.

14. from folc-toga
40. lāð lēod-hata
248. fūs ford-wegas
327. heard hand-plega
354. lēof lēod-fruma
399. fyrst ferhð-bana

78. brégo Béorht-Dènà.

15. godes and-sacan
474. nacud nȳd-boda

79. mǣre méarc-stàpà.

58. enge ān-paðas
70. forbærned burh-hleoðu
71. hūtum heofon-colum
76. eorðan and up-rodor
77. lædde lēod-werod
106. fōron flōd-wege
114. nēowle niht-scuwan
171. mūēton mīl-paðas
267. fǣge ferhð-locan
293. eorlas ār-glade

373. þonne men cunnon
442. bē sǣm twēonum
513. sē ðe sþēð āhte
514. hīe wið god wunnon
562. bē sǣm twēonum
586. hcom on riht scēode

69. òn fǽder bèarmè.

1. gefrigen habbað
29. þēah hīe jela wiston
52. gif hīe metod lēte
64. ōd-faren hæfdon
131. hyra mǣgen bēton
144. siddan grame wurdon
212. in blacum rēafum
238. gebiden hæfdon
259. þēah þe Faraon brōhte
372. geteled rīme
383. hē on wrǣce lifde
413. gif hine metod lēte
438. in sefan weorðe
457. þǣr ǣr wegas lāgon
519. on gewitum findað
554. sē ðās fare lǣded

70. tò brímes fàroðè.
fehlt.

IV^b . (D¹) (×)×̇×̇ | ×̇×̇×̇×̇ |

71. stíg wisòdè.

40. land drysmȳde
158. gūð hwearfode
278. on lōcīað
348. ān wīsōde
408. ecg grymetōde
470. sand basnōdon

72. góde páncòdè.

78. hǣled wāfedon
113. sceaðo swiðredon
242. mǣgen swiðrāde
331. flota mōdgāde

297. wrætlicu wæg-faru
342. þridde þēod-mægen
374. snottor sǣ-leoda
513. spilde spel-bodan
547. weroda wuldr-cyning

80. fēond mán-cÿnnès.

136. ōht in-lende
164. wonn wæl-cēasga
253. beald bēo-hāta

81. frómum féoh-gÿftùm.

113. scinon scyld-hrēodan
133. flotan feld-hūsum
159. blicon bord-hrēodan
175. cyning cin-berge
223. flotan feld-hūsum
283. wæter weal-fæsten
483. wicon weall-fæsten

82. síde sǣ-nĕssàs.

11. ēce al-walda
39. ā-brocene burh-weardas
182. þurstge þræc-wīges
289. sǣlde sǣ-grundas
313. ān on-ōrette
328. wǣpna wæ-slihtes
356. cende cnēow-sibbe
370. eallum eord-cynne
388. hālge hēah-trēowe
491. wēollon wæl-benna
508. ealles ungrundes
531. lengran lyft-wynne

83. héall héoru-drĕorè,
84. hróden éalo-wǣgè
 fehlen.

85. hwétton híge-röfnè.

17. mōdgum mago-rǣswum
27. gesette sige-rīce
36. swæfon scle-drēamas

376. hæled bryttīgad
389. sunu Danīdes
463. rodor swīpōde
465. cyre swidrōde

73. Béowulf mádelōdè
 fehlt.

74. sǣ-lídĕndè.

184. twā pūsendo
231. gūd-fremmendra
232. tīr-ēadigra
392. eord-cyninga
424. unswīciendo
498. brūn yppinge
581. hals-wurdunge

75. séle-rǣdĕndè.

410. heofon-cyninge
500. dugod Egypta

76. ēdel Scÿldìngà,
77. lĕof lánd-frümà
 fehlen.

78. brégo Béorht-Dĕnà.

502. godes and-saca
528. godes þēod-scipes

79. mǣre méarc-stǎpà,
80. fēond mán-cÿnnès
 fehlen.

81. frómum féoh-gÿftùm.

3. wera cnēo-rissum
49. fela missēra
180. wigan unforhte
188. wigan æg-hwilene
328. wigan unforhte
420. cyning al-wihta

55. mōdig mago-rǣswa
99. hebban here-byman
102. mǣre mago-rǣswa
131. mōdge mete-þegnas
161. hrēopon here-fugolas
177. hēt his here-ciste
181. hāre heoru-wulfas
241. hāre heaðo-rincas
284. haswe here-strǣta
301. hōfon here-cyste
484. multon mere-torras
562. gesittað sige-rīce
565. sungon sige-byman
574. hōfon here-þrēatas
583. hēddon here-rēafes

86. bŏt éft cümàn.
125. scēan scīr werod
282. ȳð up færeð
514. ā-gēat gylp wera

87. swútol sáng scöpĕs.
219. beran beorht searo

88. scéncte scír wĕrĕd fehlt.

89. gád-rínc mŏnìg.
9. sōð-fæst cyning
149. miht-mōd wera
390. wuldr-fæst cyning
445. frēo-bearn fæder

90. mágo-dríht mǐcel.
157. ofer-holt wegan

Reste.
162 . . . .
340. þær æfter him
486. wer-bēamas

82. síde sǣ-nǣssàs,
83. héall héoru-drĕorĕ,
84. hróden éalo-wǣgĕ,
85. hwétton híge-röfnĕ fehlen.

86. bŏt éft cümàn.
414. bearn ǣt niman
525. rūd ford gāed

87. swútol sáng scöpes,
88. scéncte scír wĕrĕd fehlen.

89. gád-rínc mŏnig.
55. mǣg-burh heora
92. wīc-steal metan
104. lift-wēg metan
160. þēod-mearc tredan
166. cwyld-rōf beodan
236. brēost-net wera
263. dǣd-lēan gyfan
358. on-riht godes
385. hēah-lond stigon
466. wīg-bord scinon
492. hand-weorc godes
497. flōd-blāc here
535. man-hūs witon
539. eft-wyrd cymeð
577. fyrd-lēoð galan

90. mágo-dríht mǐcĕl fehlt.

Reste.
145. ymb an-wig
161 . . . .

Vergleichen wir diese Zusammenstellung der Verse des Exodus mit derjenigen der ersten 1000 Verse des Beowulfliedes (Studien zum germ. Alliterationsvers, Heft 2), so ergiebt sich, dass die von Kaluza dort vorgenommene Einteilung in neunzig Unterarten sehr wohl auch für den Exodus brauchbar ist. Es fehlen allerdings in diesem weit kürzeren Gedichte einige schon im Beowulf selten vorkommende Typen (18. 20. 30. 38—40. 44. 70. 76. 83. 84. 88.); ein Bedürfnis nach anderweitiger Abgrenzung der Versarten liegt jedoch nicht vor. Bei näherem Zusehen findet man weiter, dass auch alle die von Kaluza in den Erläuterungen gegebenen Regeln über die sprachliche Ausfüllung der einzelnen Typen, über Verschiedenheiten zwischen der ersten und zweiten Halbzeile, über die Forderung der sprachlichen Länge für bestimmte Hebungen, über die Notwendigkeit der Doppelalliteration für gewisse Typen oder ihre Beschränkung auf die erste Halbzeile etc. im Exodus auf das genaueste beobachtet sind, soweit eben nicht die mangelhafte Ueberlieferung Textverderbnisse herbeigeführt hat.

Diese durch die Anwendung der Vierhebungstheorie auf den ae. Alliterationsvers sich ergebenden Regeln setzen uns nunmehr in den Stand, die bisherigen Ausgaben altenglischer Texte an einer grossen Anzahl von Stellen zu bessern und insbesondere unter den zahlreichen Aenderungsvorschlägen der Herausgeber sofort mit Sicherheit diejenigen auszuwählen, welche den Gesetzen des ae. Versbaues entsprechen und darum auch allein zulässig sind. Indem ich mir vorbehalte, eine eingehendere textkritische Besprechung der Caedmonschen Dichtungen im Anschluss an Wülkers Ausgabe an anderem Orte zu geben, beschränke ich mich hier darauf, zunächst für den Exodus diejenigen Abweichungen von Wülkers Text kurz anzuführen, die aus metrischen Gründen sich als durchaus erforderlich herausstellen. Die bereits von anderen Forschern vorgeschlagenen Textbesserungen sind dabei in jedem einzelnen Falle genau

bezeichnet (Bou. = Bouterwek; Ettm. = Ettmüller; Gr. = Grein; Kl. = Kluge; S. = Sievers; Th. = Thorpe). Die an erster Stelle angeführte Lesart ist die der Wülkerschen Ausgabe.
1. *habað*] *habbað* Gr. — 14. *freom*] *from* Kl. — 19. *frea*] *freya* S. — 43. *hleahtor-smiðum*] *hleahtr-smiðum*. — 53. *onlangne lust*] *on langne lust* oder *lāst* Kl. — 56. *fæstena* | *fæstenna*. — 108. *æfena*] *ǣfenna*. — 118. *har hæd*] *hāres hǣdes* S. Da *hǣd* fem. ist, lese ich *hārre hǣde*. — 119. *o* | *on* Kl. — 127. *sweoton*] *swēotum* Gr. — 141ᵇ. Kl. ergänzt *ūr ge[lȳfde]*. — 160. Bou. verbindet *þeod-mearc*. — 161 f. *On hwæl hreopon · herefugolas* || *hilde grǣdige* . . . . Mit Kl. streiche ich *on hwæl* und lese *hreopon here-fugolas · hilde-grǣdge* als einen Vers. — 167. *ful*] *fyl* Kl. — 180. *wigend*] *wigan* S. — 181. *heorawulfas*] *heoro-wulfas* Kl. — 183. *alesen*] *ā-lesene* Kl. — 194. *ēc anlæddon*] *ēcan læddon* Gr. Kl. — 226. *rofa*] *rōfra* Kl. — 239ᵃ. *ofer linde lærig*]. Dieser Vers (vgl. auch Byrht. 284: *bærst bordes lærig*) beweist, dass *lærig* mit kurzem *æ* anzusetzen ist. — 241. *onþeon*] *onþihan* S. — 243ᵇ. Ich ergänze [*him*] *wīg curon;* vgl. Gen. 1803: *and him þēr wīc curon*. — 246. Kl. ergänzt *gār-bēames feng* [*grētan mihte*] — 248ᵇ. S. ergänzt *fana up [ge]rād*. — 283ᵃ. *wæter and wealfæsten*] Gr. (Bibl. I, 368) streicht *and*. — 288ᵃ. *in ece*] *in ēcnysse* Kl. — 291. *spau*] *span* hs. Kl. — 297. *syndon*] *synt*. — 305ᵇ. Kl. ergänzt [*swylce him ȳda weall*]. — 307. *hige*] *hīe* Bou. — 308. *near* | *nēahor* S. — 309. *sances*] *sanges* Gr. — 328. *wigend*] *wigan* S. — 334. *man*] *manna* S. — 345ᵃ. Die Ergänzungen von Ettm. Gr. *ofer gār-secges* [*begang*], Kl. [*grund*], Bou. [*gin*] ergeben einen zu langen Vers. Wir müssen lesen *ofer gār-secge* (vgl. Ex. 79 f.: *dæg-scealdes hlēo wand ofer wolcnum*) oder *ofer geofenes begang*; vgl. Beow. 362. — 364ᵇ. *drencfloda* | Nach Gen. 1398: *sē drenceflōd* ist hier zu lesen *drence-flōda*. — 378. *Noe*] *Nōe*. — 390. *wulddorfæst* | *wuldr-fæst*. — 391ₙ. *tempel gode* ist zu kurz, weil nur dreihebig. Ich lese *tempel drihtne*. — 397.

medelstede] medl-stede. — 413. god] metod Gr. — 414. œtniman] œt niman S. — 422. freodo] frēode. — 466. sœs] wœges Gr. — 479. mōdge rȳmde | mōd gerȳmde Bou. — 482. Gr. Kl. verbinden lagu-land. — 498. onbugon | on bōgum Hs. — 499. modewœga] mōd-wœga Gr. — 502ª. Gr. ergänzt siddan [grund] gestāh. — 513ª. Gr. ergänzt [spilde | spel-bodan. — 524. cǣgon] cǣgum Gr. — 531. lyft wynna] lyft-wynne Grimm. — 539. cymd] cymeð S. — 542. medelstede] medl-stede. — 545ª. Gr. ergänzt þær [is] leoht and līf. — 547. wuldorcyning] wuldr-cyning. — 573ᵇ. Gr. ergänzt siddan hīe þām [herge] wid-fōron. — 577. golan] galan Hs.

Wie bereits oben bemerkt, stimmt der Bau der Verse selbst mit der im Beowulf befolgten Praxis durchaus überein; aber es besteht eine grosse Verschiedenheit zwischen Beowulf und Exodus in der Häufigkeit der Verwendung der einzelnen Typen und damit auch in dem Verhältnis der beiden Halbzeilen zu einander.

Berücksichtigen wir zunächst nur die Gesamtzahlen für die sechs Grundformen A, B, D^2, E, C, D^1 und berechnen wir die für den Exodus (588 Verse[1])) sich ergebenden Zahlen im Durchschnitt auf 1000, um sie mit den von Kaluza für die ersten 1000 Verse des Beow. gegebenen vergleichen zu können, so erhalten wir folgendes Bild:

Typus	Exodus 1—589		Exodus-Durchschn.		Beowulf 1—1000	
	I	II	I	II	I	II
A	244	289	415	492	489	353
B	58	80	99	136	113	220
D^2	29	42	49	71	26	56
E	44	70	75	119	48	58
C	112	58	191	99	188	205
D^1	99	48	168	81	133	104
Reste	2	1	3	2	3	4

Im Vergleich zum Beowulf finden wir also im Exodus den Typ. A etwas seltener in der ersten, aber erheblich

---

[1]) Grein-Wülkers Ausgabe zählt 589 Verse, da dort irrtümlich ein Vers in zwei (161/162) zerlegt worden ist (s. o. p. 25).

verstärkt in der zweiten Halbzeile. Die Typen B und C kommen in der ersten Vershälfte ungefähr ebenso oft vor als im Beowulf, in der zweiten aber treten sie ganz auffallend zurück. Noch merklicher ist die starke Bevorzugung der Typen D^2 und E in beiden Halbzeilen, zumal wenn man berücksichtigt, dass gerade diese beiden Typen in anderen alliterirenden Gedichten, z. B. bei Cynewulf (s. Cremer und Frucht a. a. O.) oder im Heliand (s. Kaufmann, Zur Rhythmik des Heliand, Beitrg. XII.), viel seltener begegnen als im Beow. Gerade diese Häufigkeit der D^2- und E-verse bildet also ein charakteristisches Merkmal des Exodus, durch das er sich von allen Denkmälern der Alliterationspoesie scharf unterscheidet.

Durch diese Abweichungen in der Häufigkeit der einzelnen Versarten erleidet nunmehr auch die Verteilung der Verse derselben Grundform auf die beiden Halbzeilen eine wesentliche Verschiebung. Im Beowulf sind die Typen A und D^1 in der ersten Halbzeile häufiger als in der zweiten, umgekehrt B, D^2, E, C in der zweiten häufiger als in der ersten. Im Exodus dagegen überwiegen C und D^1 in der ersten Halbzeile, A, B, D^2, E in der zweiten. Im einzelnen erhalten wir für das Verhältnis der ersten zur zweiten Halbzeile jeder Grundform im Exodus und im Beowulf folgendes Bild:

Typus	Exodus	Beowulf
A	100 : 118	100 : 72
B	100 : 138	100 : 195
D^2	100 : 145	100 : 215
E	100 : 161	100 : 121
C	100 : 52	100 : 109
D^1	100 : 49	100 : 78

Wenn bereits diese blosse Gegenüberstellung der hauptsächlichsten Gruppen der Alliterationsverse eine in die Augen springende Verschiedenheit für die Metrik des Beowulf und des Exodus kenntlich macht, so wäre diese Thatsache allein

genügend, um die mehrfach aufgestellte Behauptung zu
entkräften, dass die metrischen Verhältnisse des ae. Alliterationsverses sich bei allen Dichtern jener Zeit durchaus gleichbleiben. Allein erst eine eingehende Vergleichung der zahlreichen Unterarten dieser sechs rhythmischen Hauptschemata
zeigt die unterscheidenden Kriterien, durch welche die besondere Eigenart der einzelnen Dichter bei der Verwendung der
ihnen in so reicher und bunter Mannigfaltigkeit zu Gebote
stehenden metrischen Mittel hervortritt.

Die nachstehenden Tabellen geben die Vergleichung
der einzelnen Unterarten der Grundformen zwischen Exod.
und Beow., und zwar zeigt die erste Spalte die absoluten
Zahlen für den Exodus, die zweite dieselben im Durchschnitt auf 1000 Verse berechnet, während in der dritten
zur Vergleichuug die für die ersten 1000 Verse des Beowulf
geltenden Zahlen beigefügt sind.

Grundform I. (A.) 1—30.

Typus	Exod. 1—589 I	Exod. 1—589 II	Ex.-Durchschn. I	Ex.-Durchschn. II	Beow. 1—1000 I	Beow. 1—1000 II
A^1 1.	67	162	114	276	120	188
2.	14	35	24	60	45	53
3.	16	10	27	17	41	18
4.	11	2	19	3	12	3
5.	3	25	5	43	19	55
6.	18	17	31	29	41	13
7.	8	5	14	8	17	5
8.	3	11	5	19	2	1
9.	5	9	8	15	5	3
10.	1	—	2	—	6	—
A^2 11.	7	6	12	10	27	8
12.	4	2	7	3	15	—
13.	2	—	3	—	2	—
14.	15	4	26	7	12	—
15.	4	—	7	—	8	—
16.	6	1	10	2	16	3
17.	2	—	3	—	5	—
18.	—	—	—	—	5	2
19.	2	—	3	—	5	—
20.	—	—	—	—	4	—

Typus	Exod. 1—589 I	Exod. 1—589 II	Ex.-Durchschn. I	Ex.-Durchschn. II	Beow. 1—1000 I	Beow. 1—1000 II
A³ 21	6	—	10	—	2	—
22.	24	—	41	—	14	—
23.	2	—	3	—	4	—
24.	3	—	5	—	1	—
25.	6	—	10	—	8	—
26.	8	—	14	—	25	—
27.	1	—	2	—	21	—
28.	4	—	7	—	5	—
A⁴ 29.	2	—	3	—	1	1
30.	—	—	—	—	1	—
Summa	244	289	415	492	489	353

Die bemerkenswerthesten Abweichungen des Exodus vom Beowulf in der Anwendung der A-verse sind also folgende: Die häufigste und gebräuchlichste Unterart, Typus 1 (*lange hwīle*) ist in der zweiten Halbzeile im Exodus fast um die Hälfte häufiger als im Beow., die Typen 2 (*folcum gefrǣge*), 3 (*folce tō frōfre*) und 5 (*land gesāwon*) sind dagegen in der ersten Halbzeile weit seltener. In der zweiten Vershälfte ist Typus 5 im Exodus weniger zahlreich als im Beowulf, Typ. 6 (*geong in geardum*) dagegen mehr als doppelt so oft gebraucht. Die im Beowulf nur vereinzelt vorkommenden Typen 8 (*sōd is gecȳded*) und 9 (*flota was on ȳdum*) sind im Exodus, besonders in der zweiten Halbzeile, viel häufiger.

Von den A²-versen [1]) kommt Typus 11 (*wīs-fæst wordum*) in der ersten Halbzeile etwa halb so oft, Typus 14 (*Grendles gūđ-cræft*) dagegen etwa doppelt so oft vor als im Beowulf; letzterer steht im Exodus auch einigemal in der zweiten Vershälfte. Seltener als im Beowulf finden

---

[1]) Abweichend von Kaluza habe ich zu den A²-versen nur diejenigen Verse gerechnet, bei denen eine oder beide Nebenhebungen auf den zweiten Teil eines Compositums fallen, nicht aber diejenigen, bei denen eine schwere Ableitungssilbe -*end*, -*ing* in der Nebenhebung steht. Daraus folgt dann eine geringe Verschiebung der von Kaluza für Typus 1, 11, 14, 18, 22, 28 des Beowulfliedes angegebenen Zahlen.

wir im Exodus Typus 12 (folc-stede frætwan), 16 (hēah
and horn-geap) und 19 (nȳd-wracu nāi-grim); die Typen 18
(snellīc sǣ-rinc) und 20 (gamol-feax ond gūð-rōf) fehlen ganz.
Die Gesamtzahl der A^3-verse ist im Exodus (92) und
Beowulf (80) ungefähr dieselbe. Aber während im Beowulf
die mit einem zweisilbigen Worte mit langer Stammsilbe
beginnenden Typen 21 (hæfde sē gōda) und 22 (sōna þæt
onfunde) seltener sind als die mit einsilbigen mit kurzer
Stammsilbe beginnenden Typen 23 (ēow hēt secgan), 24 (ic
hine cūðe), 25 (ic þæt gehȳre), 26 (þā wæs on burgum) und
27 (nū gē mōton gangan) (16 < 59), gehört im Exodus um-
gekehrt die Mehrzahl der A^3-verse zu der ersteren Gruppe
(51 > 34), namentlich ist Typus 27 im Exodus nur ein
einziges Mal anzutreffen, während er sonst zu den belieb-
testen Unterarten des A^3-typus gehört.

Grundform II^a (B) 31—40.

Typus	Exod. 1—589		Ex.-Durchschn.		Beow 1—1000	
	I	II	I	II	I	II
31.	41	54	70	92	77	134
32.	7	14	12	24	15	27
33.	2	—	3	—	3	10
34.	5	7	8	12	5	26
35.	2	3	3	5	5	10
36.	—	1	—	2	3	2
37.	1	1	2	2	4	8
38.	—	—	—	—	1	—
39.	—	—	—	—	—	2
40.	—	—	—	—	—	1
Summa	58	80	99	136	113	220

In der ersten Halbzeile sind die Unterarten der B-verse
in beiden Gedichten ungefähr gleich häufig, in der zweiten
Halbzeile aber sind besonders die Typen 31 (him on bearme
læg) und 34 (him þā Scyld gewāt) erheblich seltener: Typus 33
(þām wīfe þā word) fehlt dort ganz. Die im Beowulf nur
vereinzelt vorkommenden Typen 38—40 sind im Exodus
gar nicht vertreten.

Grundform II$_b$ (D^2) 41—50.

Typus	Exod. 1—589		Ex.-Durchschn.		Beow. 1—1000	
	I	II	I	II	I	II
41.	10	1	17	2	5	11
42.	7	5	12	8	5	12
43.	1	—	2	—	5	—
44.	—	—	—	—	1	3
45.	4	1	7	2	2	1
46.	2	10	3	17	1	11
47.	—	8	—	14	1	5
48.	1	—	2	—	1	—
49.	3	16	5	27	2	11
50.	1	1	2	2	3	2
Summa	29	42	49	71	26	56

Steht am Eingange der B-verse ein stärker betontes Wort, das gleichzeitig Träger der Alliteration ist, so ergibt sich die Grundform II^b, von Sievers D^2 oder neuerdings D^4 genannt. Wie oben erwähnt, sind die D^2-verse im Exodus weit häufiger anzutreffen als im Beowulf, und zwar kommen für die erste Halbzeile besonders die Typen 41 (*blǣd wīde sprang*) und 42 (*flota stille bād*) in Betracht; beide begegnen mehr als doppelt so oft wie im Beowulf. In der zweiten Vershälfte sind diese Typen 41, 42 seltener verwendet als im Beowulf; die Typen 46 (*fyrst forð gewāt*), 47 (*werod eall ā-rās*) und besonders 49 (*word-hord onlēac*) sind dagegen erheblich bevorzugt.

Grundform III (E) 51—60.

Typus	Exod. 1—589		Ex.-Durchschn.		Beow. 1—1000	
	I	II	I	II	I	II
51.	3	6	5	10	1	—
52.	5	7	8	12	5	4
53.	1	—	2	—	2	1
54.	1	1	2	2	—	3
55.	25	35	43	60	23	31
56.	4	10	7	17	7	10
57.	1	2	2	3	2	—
58.	1	—	2	—	—	1
50.	3	7	5	12	5	3
60.	—	2	—	3	3	5
Summa	44	70	75	119	48	58

Hinsichtlich der Grundform III, dem Sieversschen Typus E, haben wir bereits oben (p. 27) mit Nachdruck betont, dass ihr überraschend häufiges Vorkommen dem Exodus eine Sonderstellung in der gesamten ae. Alliterationspoesie anweist. Die Hauptverstärkung trifft dabei den schon im Beowulf beliebtesten Typus 55 (*wreord-myndum þāh*); doch weisen auch die anderen Typen höhere Zahlen auf als im Beowulf.

Grundform IVa (C) 61—70.

Typus	Exod. 1—589		Ex.-Durchschn.		Beow. 1—1000	
	I	II	I	II	I	II
C¹ 61.	12	3	20	5	6	2
62.	10	—	17	—	15	3
63.	2	—	3	—	2	—
C² 64.	33	9	56	15	50	23
65.	28	4	48	7	54	18
66.	15	5	26	8	26	9
C³ 67.	9	13	15	22	25	61
68.	—	8	—	14	3	45
69.	3	16	5	27	6	41
70.	—	—	—	—	1	3
Summa	112	58	191	99	188	205

Wurden nicht die drei ersten Hebungen, sondern die drei letzten zu einem Ganzen zusammengezogen, so ergab sich die Grundform IV, die in die Unterabtheilungen IV$_a$ (C) und IV^b (D¹) zerfällt, je nachdem die erste Hebung schwächer oder stärker ausgefüllt ist. Bei den C-versen macht sich gegenüber dem Beowulf ein deutliches Zurücktreten in der zweiten Halbzeile bemerkbar. Vorzugsweise gilt dies für die Gruppe C³, d. h. für solche Verse, bei denen der Schlusstakt aus zwei selbständigen Wörtern besteht (Typus 67—70). Die Zahl der zu Typus 67 (*on bearm scipes*) und 68 (*ic tō sǣ wille*) gehörigen Verse beträgt im Exodus etwa den dritten Teil der für den Beowulf geltenden Zahlen und auch Typus 69 (*on færder bearme*) ist im Exodus erheblich seltener.

Grundform IV^b (D^1) 71—90.

Typus	Exod. 1—589		Ex.-Durchschn.		Beow. 1—1000	
	I	II	I	II	I	II
71.	6	6	10	10	2	24
72.	4	8	7	14	—	11
73.	1	—	2	—	10	—
74.	13	7	22	12	15	19
75.	2	2	3	3	8	14
76.	1	—	2	—	2	—
77.	6	—	10	—	12	—
78.	2	2	3	3	5	4
79.	15	—	26	—	18	—
80.	3	—	5	—	8	10
81.	7	6	12	10	14	9
82.	12	—	20	—	6	—
83.	—	—	—	—	4	2
84.	—	—	—	—	—	1
85.	18	—	31	—	10	—
86.	3	2	5	3	3	2
87.	1	—	2	—	1	2
88.	—	—	—	—	2	1
89.	4	15	7	26	8	2
90.	1	—	2	—	5	3
Summa	99	48	168	81	133	104

Auch die Grundform D^1 tritt im Exodus in der zweiten Halbzeile dem Beowulf gegenüber merklich zurück. Die Typen 71 (*stīg wīsōde*), 74 (*sǣ-līdende*) und namentlich 75 (*sele-rǣdende*) sind viel seltener gebraucht; Typus 80 (*fēond man-cynnes*), der im Beowulf 10 mal vorkommt, fehlt hier ganz. Ungewöhnlich häufig ist dagegen im Exodus der Typus 89 (*gūd-rinc monig*), der im Beowulf nur zweimal anzutreffen ist. In der ersten Vershälfte sind die Typen 71, 72, 74 und ganz besonders die sog. „gesteigerten" D^1-verse, bei denen im Eingange ein zweisilbiges Wort mit langer Stammsilbe einhebig gebraucht ist, Typus 79 (*mǣre mearc-stapa*), 82 (*sīde sǣ-nǣssas*) und 85 (*hwetton hige-rōfne*) weit zahlreicher als im Beowulf.

Alliteration.

Die Regeln über die Setzung der Alliteration, die Kaluza (Stud. 2, 88—94) für das Beowulflied aufgestellt hat, gelten in gleicher Weise auch für den Exodus. Interessant ist die Stellung der Alliteration in den zwei Versen Ex. 482: *lagu-land gefēol* (Typ. 50) und Ex. 149: *miht-mōd wera* (Typ. 89), denn es beweist dort auch die Stellung des Stabreims, dass Kaluza Recht hat, wenn er Verse wie *lágu-lánd gèfèol* zu Typus D^2, Verse wie *míht-mód wèrà* zu Typus D^1 zieht, während Sievers irrtümlich die ersteren als E-verse, die letzteren als A-verse ansieht. (Vgl. Kaluza, Stud. 1 § 43. 60 f.; 2, p. 69. 81 f. 89 f.) Wenn also Luick (Anglia, Beiblatt IV. 294 f.) auf die Stellung der Alliteration ein so grosses Gewicht legt, dann wird er für diese zwei Verse wenigstens Kaluzas Scandirung als berechtigt anerkennen müssen. **Doppelalliteration** in der ersten Halbzeile steht im Exodus wie im Beowulf ungefähr ebenso oft wie einfache. Ich habe 299 Verse mit doppelter Alliteration gezählt gegenüber 289 Versen mit einfacher. Im Beowulf war das Verhältnis 513 : 487. Auch bei der Verteilung auf die sechs Grundformen bleibt das Verhältnis zwischen doppelter und einfacher Alliteration ungefähr dasselbe wie im Beowulf, nämlich **im Exodus**:

	A	B	D^2	E	C	D^1	Reste
Doppelall.:	147	16	26	26	7	77	—
Einf. All.:	97	42	3	18	105	22	2
im Beowulfliede:							
Doppelall.:	308	35	26	37	23	84	—
Einf. All.:	181	78	—	11	165	49	3

Es überwiegt also im Exodus wie im Beowulf einfache Alliteration in den Typen B und C, doppelte bei A, E, D^1; bei D^2 sind im Exodus auch drei Verse mit einfacher Alliteration, während im Beow. dieser Typus ausschliesslich Doppelalliteration zeigt. Hervorzuheben wäre noch der Vers Ex. 38 *frēcne gefylled frum-bearna fela*, bei dem auch der zweite Halbvers Doppelalliteration aufweist, der ganze Vers also vier Reimstäbe enthält.

Seltener als im Beowulf finden wir aber im Exodus **gekreuzte Alliteration**, nämlich nur in den Versen

323 bē þām here-wīsan | hȳndo ne woldon und 522 gif onlūcan wile | līfes wealh-stōd. In den ersten 1000 Versen des Beowulf waren dagegen 30 Fälle von gekreuzter Alliteration zu verzeichnen. (S. Káluza, a. a. O. 2, 93.) Dagegen ist im Exodus häufiger anzutreffen die von Kaluza (Stud. 2, 93) als Enjambement bezeichnete Erscheinung, dass das letzte, dem Hauptstab folgende Wort der einen Langzeile schon den Reimstab der folgenden Zeile vorausnimmt, so z. B.:

Ex. 5 f. æfter bealu-sīðe | bōte līfes
lifigendra gehwām | langsumne rǣd
Ex. 21 f. ofercōm mid þȳ campe | cnēomāga fela |
fēonda folc-riht
Ex. 47 ff. druron dēofol-gyld. | Dæg wæs mǣre
ofer middan-geard, | þā sēo mengeo fōr,
swā þæs fæsten drēah | fela missēra

Aehnlich ist es bei den Versen 7/8. 43/44. 52/53. 73/74. 102/103. 121/22. 131/32. 138/39. 229/30. 266/67. 282/83. 286/87. 295/96. 306/307/308. 346/47. 360,61. 368/69. 383/84. 398/99. 401/402. 419/20. 472/73. 478/79. 485/86. 495/96. 499/500. 548/49. 564/65. 583/84.

Fragen wir nach der Häufigkeit des Vorkommens der einzelnen Laute als Träger der Alliteration, so erhalten wir folgende Zahlen:

Vocale	b	c	d	f	g	h	l	m
Exod. 79	34	14	23	78	30	63	44	64
Ex. %₀ 134	58	24	39	133	51	107	75	109
Beow. 158	62	15	29	101	88	117	47	80

	n	r	s	sc	sp	st	t	þ	w
Exod.	8	12	50	3	2	3	6	7	68
Ex. %₀	14	20	85	5	3	5	10	12	116
Beow.	17	15	111	14	1	4	5	25	110

Gegenüber den von Kaluza (a. a. O. 2, 94) für die ersten 1000 Verse des Beow. aufgestellten Zahlen fällt also namentlich auf, dass die Laute *f*, *m* und *l* im Verhältnis viel öfter als im Beowulf den Stabreim bilden, ersterer sogar fast ebenso oft vorkommt als vocalische Alliteration. Dagegen werden im Exodus Vocale und *g* erheblich seltener zur Bildung der Alliteration verwendet, als im Beowulf; bei *h* und *w* ist das Verhältnis ungefähr dasselbe.

Verfasserfrage.

Nachdem wir durch die vorstehende Charakterisierung der sechs Grundformen und ihrer Unterarten ein von dem Beowulf scharf unterschiedenes Bild von den metrischen Eigenheiten des Exodus erhalten haben, wenden wir uns der Betrachtung derjenigen Abschnitte zu, welche auf Grund sprachlicher und inhaltlicher Untersuchungen als spätere Bestandteile der Dichtung ausgeschieden sind.

Den Ausgangspunkt der Specialarbeiten über den Exodus bilden die von Strobl (Germania XX, p. 292 ff.) gefundenen Ergebnisse. Er sucht die Liedertheorie auf das Gedicht anzuwenden und lässt nur einen sehr geringen Bestandteil als ursprünglich echt gelten. Nach seinen Ausführungen beginnt der eigentliche Exodus erst mit V. 135; die Einleitung und die zweite Fitte schreibt er zwei späteren Interpolatoren zu. Als ganz losgetrennt von dem Exodus scheidet er die sechste Fitte aus (V. 362—445). Balg (Diss.) stimmt diesem Resultate bei und fügt noch einige weitere sprachliche Kriterien besonders für die Interpolation der sechsten Fitte bei. Eine genaue Nachprüfung der Stroblschen Untersuchung gibt die Diss. von Groth (Compos. der ae. Exodus). Die zweite Fitte (V. 68—135) hält er ihrem Inhalte nach als unumgänglich für das Verständnis des Gedichtes erforderlich und er betont damit gleichzeitig die aus dieser Thatsache entspringende Existenzberechtigung der ersten Fitte. Dagegen erklärt auch er sich für die Interpolation der sechsten Fitte. Im Gegensatz zu diesen Resultaten steht der Aufsatz Eberts (Anglia V, 409 f.). Er bestreitet die Einschiebung der Verse 362 bis 445, indem er diesen von allen Kritikern als später eingeschaltete Episode bezeichneten Abschnitt einen „durchaus integrirenden Teil" des Exodus nennt, dessen Inhalt und Bedeutung für das Gedicht als Ganzes bisher nicht erkannt worden sei. Wülker (Grundriss) stimmt Ebert bei und hält auch neuerdings (Anglia, Beibl. IV, 229) gegenüber den genannten Ansichten an der Echtheit der sechsten Fitte fest.

Um die Frage über die Ursprünglichkeit des in Rede stehenden Abschnittes zur Entscheidung zu bringen, wollen wir untersuchen, wie sich derselbe in metrischer Beziehung zu dem übrigen Teile des Exodus verhält. Wir bezeichnen zur grösseren Bequemlichkeit die sechste Fitte, V. 362 bis 445, mit Exod. B, das vorhergehende mit dem folgenden Stücke zusammen, also V. 1—361 und 446—589, mit Exod. A. Beim Vergleich der sechs Grundformen in beiden Teilen erhalten wir folgendes Bild:

Typus	Exodus A		Exodus B	
	I	II	I	II
A	202	247	42	42
B	49	65	9	15
D^2	26	39	3	3
E	40	69	4	1
C	98	44	14	14
D^1	87	39	12	9

In dem Gebrauche der A-verse zeigt sich danach folgende Verschiedenheit. Im Vergleich zum Beowulf hat der Exodus, wie die Tabelle auf p. 26 beweist, in der ersten Halbzeile den Typus A seltener, in der zweiten bedeutend häufiger. Dies hat nicht statt im Exod. B. Rechnen wir diesen 84 Verse umfassenden Teil als $^1/_6$ des 504 Verse langen Exodus A, so müssten bei gleichmässiger Verteilung im Exod. B auf die erste Vershälfte 34, auf die zweite

42 A-Verse kommen; in Wirklichkeit steht aber in beiden Vershälften dieselbe Zahl 42; es tritt daher in diesem Abschnitte die für den Exod. A charakteristische Verwendung des A-Typus nicht hervor.

Was die B-Verse angeht, so finden sie sich im Exod. gegenüber dem Beowulf auffallend selten in der zweiten Vershälfte. Im Exod. B zeigt sich diese Eigentümlichkeit nicht; statt 11 B-Versen, die nach der Häufigkeit im Exod. A vorauszusetzen wären, treffen wir eine etwas stärkere Anzahl, nämlich 15.

Bei dem Gebrauche der Grundform C ist es bemerkenswert, dass sie in dem interpolierten Abschnitt in der zweiten Halbzeile, wo sich im Exod. A ein starkes Zurücktreten im Vergleich zum Beowulf zeigte, ebenso oft wie in der ersten begegnet, das ist mehr als doppelt so oft wie im Exod. A.

Die überraschendste Erscheinung, die an sich genügen würde, um die sechste Fitte als sicher interpoliert auszuscheiden, zeigt die Verwendung der Typen D^2 und E. Wie oben mehrfach betont, bedingt die hervorstechende Bevorzugung dieser beiden sonst selten gebräuchlichen Versarten die Sonderstellung des Exodus innerhalb der gesamten ae. Alliterationspoesie. Exod. B teilt diese Eigentümlichkeit nicht. In den Versen der sechsten Fitte begegnen nur $3 + 3 = 6$ D^2-Verse und $4 + 1 = 5$ E-Verse, während 11 Verse ersterer und 18 Verse letzter Art, also die doppelte resp. dreifache Anzahl zu erwarten wären. Da die Verteilung der Typen D^2 und E im Exod. B ungefähr mit der Praxis des Beow. übereinstimmt, im Exod. A hingegen von 100 zu 100 Versen nach unsrer Zusammenstellung eine sich gleichbleibende doppelt resp. dreifach starke Vertretung der beiden Versarten bemerkbar ist, so beweist dieser Umstand streng mathematisch die Interpolation von V. 362—445.

Weniger zum Zweck einer nochmaligen Beweisführung für die Einschiebung der sechsten Fitte, als zur Beleuchtung der metrischen Abweichungen des Exod. B vom Exod. A, heben wir in Folgendem auch die hauptsächlichsten Unterschiede in der Häufigkeit der Unterarten hervor.

Von den im Exod. A im Unterschied zum Beowulf verhältnissmässig häufig vorkommenden Typen 8 (*sōd is gecȳded*) und 9 (*flota wæs on ȳđum*) hat der Exod. B nur ein Beispiel. Von der Grundform D^2 sind im Exodus A die Typen 41 und 42 in der ersten, 46 und 47 in der zweiten Halbzeile auffallend häufig; im Exodus B finden wir kein einziges Beispiel dafür; nur der Gebrauch des Typus 49 in der zweiten Halbzeile ist in Ex. A (14 Fälle) und Ex. B (2 Fälle) ungefähr entsprechend. Bei der Grundform E stehen sich in der zweiten Halbzeile 35 Verse des Typus 55 (*weord-myndum þāh*) in Ex. A und nur ein einziger derartiger Vers in Ex. B gegenüber. Aehnlich ist es in der ersten Halbzeile bei den sog. „gesteigerten" D^1-Versen. Typus 79 (*mǣre mearc-stapa*) steht in Ex. A 14 mal, Typus 82 (*sīde sǣ-næssas*) 10 mal, Typus 85 (*hwetton hige-rōfne*) 18 mal. In Ex. B aber fehlt Typus 85 ganz, von Typus 79 haben wir nur ein, von Typus 82 zwei Beispiele. Geringe Abweichungen stellen sich in den Unterarten des B-Typus heraus.

Man könnte einwenden, dass es auf Zufall beruhe, wenn eine der vielen Unterarten einer Grundform in 84 Versen im Vergleich zu dem übrigen Teil besonders selten erscheint. Diesen Einwurf zu entkräften, weise ich darauf hin, dass es sich hier nur darum handelt, ganz bestimmte vom Dichter durchweg mit Vorliebe gebrauchte Versarten in dem interpolierten Abschnitt als gar nicht oder selten enthalten nachzuweisen.

Strobl hat ferner behauptet, dass auch die beiden ersten Fitten von späteren Dichtern zugesetzt seien, dass der eigentliche Exodus erst mit V. 135 beginne. Nach unserer Zusammenstellung der Verstypen ergeben sich zwischen dem Abschnitt V. 1—135 und dem übrigen Teil des Exod. A keine metrischen Abweichungen. Wir sehen uns daher gezwungen mit Groth, welcher sprachliche Argumente heranzieht, gegen Strobls Ansicht die Einheitlichkeit des Exod. A anzunehmen. Ganz besonders spricht für die Zusammengehörigkeit der beiden ersten Fitten zu dem folgenden Teile der Umstand, dass hier wie dort E- und D^2-verse in gleich häufiger Anzahl begegnen. Wir erhalten also als sicheres Resultat, dass die sechste Fitte des Exodus, V. 362—445, eine jüngere Interpolation, der Rest des Exodus aber das einheitliche Werk eines und desselben Dichters ist.

Daniel.

Den Erörterungen über die Metrik des Daniel schicke ich eine Uebersicht über die Einordnung der Verse dieses Gedichtes in die von Kaluza angesetzten 90 Unterarten voraus. Die sog. Schwellverse, die sich von den normalen nur durch den verstärkten Eingang unterscheiden, sind durch ein der Verszahl beigefügtes Sternchen kenntlich gemacht, alle Abweichungen von Wülker's Text in Klammern angegeben.

Erste Halbzeile.

I. A. (×) | ××́×(×) | ××́×

Typus 1. Dan. 7. 9. 11. 13. 16. 18. 24. 29. 30. 32. 37. 48. 72. 74. 78. 89. 106*. 115. 126. 128. 144. 179. 195. 199. 203*. 204*. 205*. 226*. 228*. 234*. 241*. 242*. 250. 253. 262*. 263*. 267*. 271*. 298. 313. 318. 332. 333. 335. 343. 349. 361. 362. 375. 403. 411. 413. 415. 423. 432. 436*. 445*. 447. 448*. 450*. 452*. 453*. 457*. 466. 481. 497. 506. 510. 511. 517. 518. 520. 523. 538. 549. 559. 565. 574. 592. 595. 611.

Zweite Halbzeile.

1. A. (×) ××́×(×) ××́×

Typus 1. Dan. 1. 5. 8. 12. 25. 26. 30. 33. 36. 37. 43. 50. 55. 59 (*receda wuldor*). 62. 71. 75. 80. 81. 84. 87. 97. 100. 109. 110. 114 (*rēde sēcolde*). 115. 118. 120. 121. 123. 124. 135. 140. 152. 153. 155. 159. (*frēgan*). 171. 181. 192. 194. 203*. 205*. 208*. 212. 217. 218. 220. 227*. 232. 236* (*hēahan*). 239*. 241*. 244*. 246. 252. 253. 256. 257. 264*. 265*. 266*. 267*. 271*. 276. 282. 289 (*sigores waldend* Gr.). 291. 292.

619. 622 (wildra). 648. 650. 657.
659. 661. 662. 664. 670. 682. 688.
694. 711 (torhte Gr.). 731. 745. 759.
Typus 2. Dan. 41. 149. 184.
233*. 239*. 270*. 278. 296. 302.
435*. 438*. 444˙. 456*. 483. 604.
624 (wildra). 628. 643. 699. 747.
Typus 3. Dan. 44. 60. 90. 103.
105. 150. 198. 211. 252. 258. 259.
285 (neryen S.). 297. 336. 352. 365.
367. 370. 371. 377. 380. 383. 393. 484.
534 561. 577 (wāced and wrāced
S.). 580. 588. 707. 732. 762.
Typus 4. Dan. 65. 145. 288.
291. 292 (nū ist zu streichen; vgl.
Az. 12). 541. 548. 582. 625. 640.
726. 741.
Typus 5. Dan. 61. 137. 159
(ā-reccan S.). 236*. 240*. 244*. 400.
412. 437*. 464. 471. 557. 654. 655
709. 740.
Typus 6. Dan. 14. 66 (frēogas).
76. 162. 175. 245*. 264*. 321 (hebban
S.). 345. 387. 414. 416. 429. 500.
504. 515. 560 (befolen in foldan;
vgl. Jul. 417). 564. 566. 567. 598.
612. 620. 631. 638 645. 693. 729.
Typus 7. Dan. 249. 300.
Typus 8. Dan. 304. 353. 358.
608. 653.
Typus 9. Dan. 181. 216. 340.
428. 449. 526 701. 723.
Typus 10. Dan. 342.
Typus 11. Dan. 3. 34. 45. 98.
112. 186. 308. 385. 386. 525. 634
(wundr-līc). 649. 679.
Typus 12. Dan. 389. 402. 408.
463. 674. 690. 705. 749.
Typus 13. Dan. 344. 540 585.
719.
Typus 14. Dan 337.
Typus 15. Dan. 46. 177. 341.
347. 615.

293. 295. 300. 302. 304. 310. 315.
319. 320. 325. 330. 331. 341. 348.
351 (frēgan). 358. 360. 373. 382.
391. 392. 393. 394. 397. 402. 404.
405. 408. 410. 417. 425. 431. 432.
433*. 435*. 441*. 442. 443. 444*.
445*. 450*. 453*. 454*. 457*. 459.
462. 468. 469. 473. 477 (ēce wald-
end). 482. 484. 486. 487. 498. 502.
506. 508. 514. 527. 532. 535. 539.
540. 544. 570. 573. 579. 590. ˙591
(woldon sylfe). 596. 607. 612. 613.
626. 646. 649. 656. 661. 665. 667.
671 (hēahe). 677. 684. 686. 692. 698.
703. 709. 712. 713. 715. 717. 719.
721. 728. 733. 754. 758. 763. 765.
Typus 2. Dan. 15. 18. 19. 31.
40. 79. 92. 111 (geteohhod). 130. 146.
160. 169. 184. 190. 200. 210. 219.
226*. 235*. 245*. 259. 268*. 275.
306. 347. 368. 420. 436*. 447*. 448*.
452*. 456*. 546. 556. 583. 593. 602.
618. 629. 644. 696. 707. 710. 723.
750. 761.
Typus 3. Dan. 52. 141. 177
(rihtes ne gȳmde Gr.). 201. 207*
(þā þis | hēgan ne willad). 231. 378.
395. 427. 460 (worden in ofne Gr.).
475. 681. 716 (frēode).
Typus 4. Dan. 562 (onfōhan).
Typus 5. Dan. 6. 28. 49. 51.
77. 113. 133. 156. 175. 196 (gedǣdon
S.). 204*. 225* (hēt hē | ofn onhǣtan).
234*. 240* (nē him | wrōht od-fæstan
Gr.). 243*. 263*. 269*. 280. 332.
337. 458*. 467 (aldr). 474. 493.
495. 496. 578. 620. 633. 653 (wundr).
654 732 (sefan gehygdum; vgl. Dan.
49). 743. 760 (wundr).
Typus 6. Dan. 76. 102. 154.
166. 170. 247. 376. 437*. 509. 714.
725.
Typus 7. Dan. 237. 519. 528.

Typus 16. Dan. 151. 230. 286. 372. 418. 737.
Typus 21. Dan. 140. 148. 168. 261. 734.
Typus 22. Dan. 8. 35. 64. 83. 85. 136. 153. 165. 217. 276. 287. 290. 301. 472. 477. 498. 502. 509. 513. 530. 672. 696.
Typus 23. Dan. 27. 79. 104. 147. 311. 320. 405. 508. 584. 684 (hæledas). 730.
Typus 24. Dan. 28. 81. 143. 158. 163. 193. 765.
Typus 25. Dan. 119. 120. 138. 279. 451. 469. 514 (þon). 519. 527. 542. 553. 568. 570 (þon). 610. 687.
Typus 26. Dan. 25. 88. 96. 113. 122. 125. 130. 200. 201. 222. 231. 275. 312. 366. 419. 426 (sȳ). 558 (þon). 609. 613. 686. 715. 720. 721. 738. 750. 754.
Typus 27. Dan. 62. 67. 77. 86. 87. 124. 142. 166. 169. 172. 180. 191. 192 (byrige). 227. 294. 305 (ūs ēc). 310. 316. 330. 339. 346. 351. 430. 470. 482. 493. 496. 532. 571. 581. 589. 594. 596. 669. 692. 761.
Typus 28. Dan. 116. 317. 495. 505. 578 (seofon-wintr). 586.
Typus 29. Dan. 281. 404. 425. 550.
Typus 30. Dan. 182.

II^a. B. (×)×(×) | ×̱×̱×(×) ×̱.
Typus 31. Dan. 4. 21. 33. 40. 51. 68. 75. 102. 121. 146. 155. 156. 178. 190. 206* (hæftas hēaran | in þisse hēahan byrig). 209. 223. 229. 289. 293 (þurh hyldo help Gr.). 303. 325. 329. 331. 334. 348. 391. 439. 441*. 442. 462. 467. 473. 487. 491. 503. 507. 512 (wildu dēor). 535. 552. 572. 593. 614. 623. 636. 637. 646.

Typus 8. Dan. 58. 273* (him ēac þār wæs | ān on gesyhde).
Typus 9. Dan. 258. 430 (þon. 524.
Typus 11. Dan. 2. 23. (dōan). 96. 107. 262. 270*. 505. 558 (bēoan). 680. 746.
Typus 13. Dan. 274*.
Typus 14. Dan. 70.
Typus 16. Dan. 125.
Typus 29. Dan. 727.

II^a.B. (×)×̱(×) ×̱×̱×(×) ,×̱.
Typus 31. Dan. 3. 4. 7. 11. 13. 32. 34. 38 (hēahan). 39. 42. 54 (hēahan). 66. 68. 73. 82. 93. 94. 98. 105. 117. 119 (þæt him gemǣted wæs; vgl. Dan. 157). 122 (hwæt him gemǣted wæs). 126. 136. 138 (þæt gē cūdon wel). 139 149. 157. 162. 173. 174. 178. 182. 183. 188. 198 (hēahan). 221. 251. 261. 278. 281. 284. 301. 303. 312. 316. 318. 323. 335. 336. 342. 344. 350. 352. 354. 355. 362 389. 403. 406. 407. 415. 418. 423. 429 (ōhtes S.). 434. 440. 446. 472. 494. 499. 525. 530 (þæt hīe wiston hit S.). 536. 541. 548. 550. 554. 555. 557. 564. 572 (wildra S.). 575. 576. 577. 580. 587. 595 600. 605. 609. 615. 624. 628. 634. 636. 640. 641. 642. 645. 647. 655. 663. 666 (hēahan). 673. 676. 679. 699 (tō þǣre hēahan byrig). 722 (hēahe). 726. 745. 753.
Typus 32. Dan. 29. 150. 186. 211. 346. 364. 366. 409. 470. 483. 491. 500. 510. 545. 594. 598. 601. 650 (wildrum S.). 652. 662. 678. 736 (sē wæs drihtne gecoren; vgl. Dan. 150). 757.
Typus 33. Dan. 343. 611. 747.

685. 691. 697. 698. 710. 713. 718.
736. 760. 764.
Typus 32. Dan. 17. 49. 57. 63.
109. 114. 132. 161. 170. 376. 390.
459. 468. 475. 524. 539. 676. 739.
758.
Typus 33. Dan. 84. 133.
Typus 34. Dan. 99. 118. 251.
424. 460 (*wundr*). 590. 630 641. 681.
Typus 35. Dan. 10. 176. 431.
Typus 36. Dan. 22. 417.
Typus 37. Dan. 703.

II^b. D^2. (×) ×̇×̇ ×̇×̇×̇ (×) | ×̇.

Typus 41. Dan. 237. 282 (*drēag dūdum georn*; vgl. Az. 3). 283. 382. 420. 465.
Typus 42. Dan. 95. 187. 673.
Typus 43. Dan. 183. 214. 235. 247. 322. 350. 407 (*gewurdad wīdeferhd* Gr.). 543. 627. 735.
Typus 44. Dan. 238*. 401. 666.
Typus 45. Dan. 246. 536.
Typus 46. Dan. 328. 360.
Typus 48. Dan. 635.
Typus 49. Dan. 443. 606.

III. E. (×) | ×̇×̇×̇ ×̇ (×) | ×̇.

Typus 51. Dan. 23. 42. 52. 59 (*berēafōdon dā*). 69. 73. 600. 602. 668. 702.
Typus 52. Dan. 374. 398. 476. 479. 617.
Typus 53. Dan. 47. 117. 167. 256 461. 488 601. 642. 712.
Typus 55. Dan. 272* (*ealle | ǣ-faste drȳ*). 323. 379 (*wintr-bitera weder*; vgl. Az. 105). 440. 551. 597. 763.
Typus 56. Dan. 12. 26. 338. 364. 369 (*tungl*). 458*. 554. 629.
Typus 57. Dan. 757.
Typus 59. Dan. 255. 395. 753.

Typus 34. Dan. 44. 147. 248. 249. 255. 283. 287. 340. 412. 478. 488 (*bēacn*). 497. 504. 533. 538. 547. 561. 563. 582. 597. 614. 627. 630. 631. 651. 668. 752. 762.
Typus 35. Dan. 16. 35. 327 (*wuldr*). 375 (*somod niht and dæg*). 377. 464.
Typus 36. Dan. 688.
Typus 37. Dan. 116. 675.
Typus 39. Dan. 95.

II^b. D^2. (×) ×̇×̇ ×̇×̇ ×̇(×) | ×̇.

Typus 44. Dan. 370 (*sundr*).
Typus 49. Dan. 254.
Typus 50. Dan. 490. 720.

III. E. (×) ×̇×̇×̇×̇(×) ×̇.

Typus 51. Dan. 193.
Typus 52. Dan 334. 485. 584. 701.
Typus 53. Dan. 60. 99. 104. 209. 229. 449. 735.
Typus 55. Dan. 45. 57. 176. 426. 586. 622. 682 (*unlȳtel* Gr.). 697. 734.
Typus 57. Dan. 704.
Typus 59. Dan. 65. 669.

IV^a. C. (×)×̇(×) ×̇×̇×̇ |.

Typus 61. Dan. 78. 131. 164 (*bōcerum*). 314. 328. 367. 372. 381. 386 400. 639. 708.
Typus 62. Dan. 91. 305. 307. 356. 398. 411 (*nēistum* S.). 414. 520. 522. 694.
Typus 63. Dan. 296. 551. 638. 690. 764.
Typus 64. Dan. 17. 47. 48. 61. 69. 145 (*medl-stede*). 167. 179. 279. 317 338 (*wuldr-haman*). 339. 353 357. 379 (*wolcn-faru*). 385. 507.

IVª. C. (x)x(x)' xx x x .

Typus 61. Dan. 1. 43. 50. 80. 92. 213. 220. 314. 315. 357. 363. 392. 399. 410. 480. 501. 531. 546. 547. 665. 680 706. 717. 728. 751.
Typus 62. Dan. 6. 31. 91. 129. 141. 212. 215*. 280. 394. 521. 544. 587. 677. 716.
Typus 63. Dan. 2. 70. 455*. 490. 573. 618. 660. 683. 689. 700.
Typus 64. Dan. 108. 123. 139 (*mīne aldr-lege*). 152. 221 (*nē hēanmægen* Gr.). 446*. 632. 656. 725.
Typus 65. Dan. 19. 36. 101. 127 (*him*). 134. 157. 160. 171. 174. 232. 277. 295. 319. 368. 454. 485. 605. 658 (*geornlīce* Gr.). 742. 744. 748.
Typus 66. Dan. 107. 562. 569. 583.
Typus 67. Dan. 71. 219. 522. 545. 563 (*liyed*). 576. 579 616. 651. 695. 704 (*hēt þū in beran* Holthausen). 722. 733.
Typus 68. Dan. 93. 154. 188. 254. 354 (*ofn*). 373 (*and þec god mihtig*). 378. 421. 556. 575. 607. 644.
Typus 69. Dan. 15. 82 (*in bebodum bōca*). 110. 111. 131. 218. 299 (*þīn bebodo brūcon*; vgl. Az. 19). 324. 406. 486. 671. 727. 752. 756.

IVᵇ. D¹. (x) xx | xx x x | .

Typus 71. Dan. 208*. 603.
Typus 72. Dan. 97. 268*.
Typus 73. Dan. 189. 257. 359. 599.
Typus 74. Dan. 306. 355. 388. 746.
Typus 76. Dan. 164. 173. 422. 708.
Typus 77. Dan. 675.

559. 566 (*widr - breca*). 581. 606 (*sundr-gife*). 616. 643. 664. 740.
Typus 65. Dan. 74. 88. 89. 90. 108. 112. 286. 294. 324 (*unrīma* Hs.). 380. 383 571. 610. 635. 637. 659. 685. 702.
Typus 66. Dan. 103. 288. 290. 298. 321. 345 371. 387. 388. 501. 503. 516. 568. 589. 603. 657. 706.
Typus 67. Dan. 9. 20. 24. 53. 56. 72. 128. 143. 297. 365 (*hlutr*). 374. 424. 471 (*wundr*). 479. 480 (*wundr*). 481. 489. 515 (*tūcn*). 517. 523. 529 (*swefn*). 537 (*wundr*). 542. 553 (*swefn*). 574. 585 (*cymest*). 588. 592. 599. 604 (*wundr*). 619. 705. 711 (*templ*; vgl. Dan. 60). 729. 731 (*wundr sehan*). 741. 744. 748. 749. 755. 759.
Typus 68. Dan. 106. 137. 151. 158. 168. 172 (*de þus hātte* Holthausen). 180 (*cnēom* S.). 185. 189. 250. 308. 311. 322. 326. 361. 413. 422 451. 466. 476. 492. 511. 512 (*flēohan*). 513. 518. 521 (*dōan*). 526. 549. 569. 648. 670. 693 (*būen*). 718. 737. 751.
Typus 69. Dan. 10. 21. 22. 41 (*wigan* S.). 63. 64. 85. 101. 144. 191. 197. 199. 214. 216. 223. 233*. 242*. 277. 285. 309. 313. 329. 349. 369. 416. 421. 438*. 461 (*þurh bryne fȳres*). 463. 531. 543. 567. 608. 617. 625. 689. 700. 756.
Typus 70. Dan. 534.

IVᵇ. D¹. (x) xx xx x x | .

Typus 71. Dan. 67. 83. 127. 134. 228*. 260. 359. 419. 621. 623. 632. 658. 672. 683. 742.
Typus 72. Dan. 86. 215. 222. 390. 399. 428. 439. 455*. 691. 695. 739.

Typus 78. Dan. 56. 533. 743. 755.
Typus 79. Dan. 20. 185. 309 (*wuldr-cyning*). 327. 381. 409. 427 (*wuldr-cyning*). 492. 516. 528 (*ferað folc-togan* S.). 537 555. 626. 647. 724.
Typus 80. Dan. 714.
Typus 81. Dan. 260. 265* (*bēotmæcgum*). 284. 494. 633.
Typus 82. Dan. 39. 54 (*hǣðncyninga*). 194. 210. 248. 274. 326. 384. 396 (*lif-frēgan*). 397 (*eallum ǣfæstum* Gr.). 478 (*drihten al-mihtig*). 663.
Typus 83. Dan. 307. 667. 678.
Typus 85. Dan. 94. 196. 433. 434.
Typus 86. Dan. 5.
Typus 87. Dan. 489 (*tācn*).
Typus 88. Dan. 474 (*wundr*).
Typus 89. Dan. 53. 58. 100. 135. 224* (*þā weard yrre | ān-mōd cyning*). 243*. 269*. 529. 652.
Typus 90. Dan. 499. 621 (*seofon-wintr*). 639 (*seofon-wintr*).

Reste.

Dan. 38 (*here-pað*). 55 (*Israela*). 197 (*þæt hīe him þæt gold*). 202 (*ne hīe to þām gebede*). 266 (*ac þæt fȳr scȳde tō þām*). 356 (*Ananias*). 591 (*wyrcan þonne hīe*). Die ersten Halbzeilen von Dan. 207. 225. 273 fallen fort, da 206 f. 224 f. 272 f. zu Schwellversen zusammenzuziehen sind.

Typus 74. Dan. 129 (*swefn*). 148 (*swefn*). 163. 165 (*swefn*). 195. 299. 396. 565. 660. 687. 724. 730.
Typus 78. Dan. 230. 465.
Typus 80. Dan. 552 (*wundr*). 674.
Typus 81. Dan. 14. 46 (*aldrfrēga*). 401.
Typus 87. Dan. 738.
Typus 89. Dan. 27. 132. 142. 161. 187. 213. 238*. 333. 384 560.
Typus 90. Dan. 363.

Reste.

Dan. 202 (*mihte gebǣdon*). Die zweiten Halbzeilen von Dan. 206. 224 272 fallen fort, da 206 f. 224 f. 272 f. zu Schwellversen zusammenzuziehen sind. Die Gesamtzahl der Verse des Daniel beträgt demnach $765 - 3 = 762$.

Der Bau der einzelnen Typen ist auch im Daniel im wesentlichen nach denselben Gesetzen geregelt wie im Beowulf (s. Stud. 2, p. 40 ff.). Besondere Erwähnung verdienen die beiden E-verse *gesamnōde þā* Dan. 52 und *berēafōdon þā* Dan. 59, welche den von Kaluza (Stud. 1, § 46; 2, p. 70) theoretisch angesetzten, im Beowulf aber nicht nachweisbaren Auftakt vor dem ersten dreihebigen Takte aufweisen. In Betreff der Hebungsfähigkeit der einzelnen Silben ist zu bemerken, dass *úngelīc* (in dem Verse *ungelīc yldum* Dan. 112) und *úngescēad* (in dem Verse *ungescēad micel* Dan. 245) nicht mit drei, sondern nur mit zwei Hebungen anzusetzen sind; vgl. Beow. 2421: *Wyrd úngemète nēah;* B. 2722: *þegn úngemète till;* B. 2729: *dēad úngemète nēah*. Während sonst dreisilbige Wörter mit kurzer Stammsilbe und schwerer Mittelsilbe nur dann dreihebig gebraucht werden können, wenn sie den zweiten Teil eines Compositums bilden *(þēodcyninga, cniht-wesende, andswarōde;* vgl. Stud. 2, 79. 98. 102), wird hier in dem Verse *swefn cyninge* Dan. 129. 148. 165 das Wort *cyninge* auch alleinstehend dreihebig gebraucht. Umgekehrt müssen wir *ándswàrōdè* in dem Verse *yrre andswarōde* Dan. 210 nicht als vierhebig, wie im Beowulfliede, sondern als dreihebig ansetzen. Endlich lässt der Vers *middan-geardes weard* Dan. 597, der auch Andr. 82. 227 wiederkehrt, auf dreihebige Messung von *míddan-gèardès* schliessen, während dieses Wort sonst durchweg vier Hebungen ausfüllen kann.

Wollen wir nun die besonderen Eigentümlichkeiten der Metrik des Daniel mit denen des Beowulfliedes und des Exodus vergleichen, um daraus Schlüsse auf die Verfasserschaft zu ziehen, so müssen wir, ähnlich wie wir es beim Exodus gethan haben, die Häufigkeit des Vorkommens der sechs Grundformen und ihrer Unterarten im Daniel feststellen und die dafür sich ergebenden Zahlen, nachdem sie im Durchschnitt auf 1000 berechnet sind, mit den früher für das Beowulflied und den Exodus gewonnenen vergleichen. Durch diese doppelte Gegenüberstellung erhalten wir einerseits ein schärferes Bild von der Metrik des Daniel und bestätigen andrerseits durch den Nachweis der grossen Verschiedenheit in der Verwendung der Verstypen nochmals das bereits auf anderem Wege festgestellte Ergebnis, dass die beiden Gedichte Daniel und Exodus nicht das Werk desselben Verfassers sein können.

Zunächst erhalten wir für die sechs Grundformen in Daniel, Beowulf und Exodus folgende Tabelle:

Typus	Daniel 1—765.		Daniel $^0/_{00}$		Beowulf 1—1000.		Exodus $^0/_{00}$	
A	392	298	515	391	489	353	415	492
B	93	176	122	251	113	220	99	136
D^2	29	4	38	5	26	56	49	71
E	43	24	56	32	48	58	75	119
C	122	202	160	265	188	205	191	99
D^1	76	57	100	75	133	104	168	81
Reste	7	1	9	1	3	4	3	2
Summa	762	762	1000	1000	1000	1000	1000	1000

Es ergeben sich daraus in der Häufigkeit der Verwendung der sechs Hauptschemata für den Daniel folgende merkliche Verschiedenheiten:

Die Grundform A ist in beiden Vershälften etwas stärker als im Beowulf vertreten, was im Exodus nur in der zweiten Halbzeile der Fall ist. Die B-verse zeigen nur geringe Abweichungen; im allgemeinen begegnen sie etwas zahlreicher als im Beowulf, während sie im Exodus gerade viel seltener sind. Eine besondere Stellung nehmen auch im Daniel die Typen D^2 und E ein. Im Exodus zeigte sich eine auffallende Bevorzugung derselben in beiden Halbzeilen; hier gilt ähnliches, aber nicht in so hohem Masse, nur für die erste Vershälfte. In der zweiten Halbzeile dagegen treten diese beiden Versarten überraschend zurück; namentlich kommen die D^2-verse dort nur ganz vereinzelt vor. Die C-verse, welche im Exodus in der zweiten Halbzeile weit seltener zu finden sind als im Beowulf, stehen im Daniel dort umgekehrt noch viel häufiger als im Beowulf. Die D^1-verse endlich, die im Exodus in der ersten Halbzeile besonders bevorzugt waren, sind im Daniel in beiden Halbzeilen etwas weniger stark vertreten als im Beowulf.

Diese angeführten Abweichungen des Daniel vom Beowulf und Exodus ergeben weiter für die Verteilung der einzelnen Typen auf die beiden Halbzeilen eine merkliche Verschiedenheit, wie folgende Zusammenstellung zeigt:

	Daniel I II	Beowulf I II	Exodus I II
A	100: 76	100: 72	100: 118
B	100: 189	100: 195	100: 138
D^2	100: 14	100: 215	100: 145
E	100: 56	100: 121	100: 161
C	100: 166	100: 109	100: 52
D^1	100: 75	100: 78	100: 49

Hiernach ist besonders auffällig, dass die Grundformen D^2, E und C anders als im Beowulf auf die beiden Halbzeilen verteilt sind. Die D^2- und E-verse treten im Daniel in der zweiten Halbzeile ganz bedeutend zurück, während die C-verse hier bei weitem zahlreicher erscheinen als im Beowulf oder Exodus. Dem Exodus gegenüber kommt noch hinzu die verschiedene Verteilung der Grundformen A, B und D^1 auf die beiden Halbzeilen.

Um einen genaueren Einblick in die Feinheiten und Eigentümlichkeiten der Metrik des Daniel zu gewinnen, müssen wir jedoch auch die Unterarten dieser sechs Hauptrhythmen berücksichtigen und wenigstens die bemerkenswertesten Abweichungen des Daniel von dem Beowulf und Exodus kurz hervorheben.

Grundform I. A (1—30).

Typus	Daniel 1—765		Daniel ⁰/₀₀		Beowulf 1—1000		Exodus ⁰/₀₀	
1.	·98	171	129	225	120	188	114	276
2.	20	46	26	60	45	53	24	60
3.	32	13	42	17	41	18	27	17
4.	12	1	16	1	12	3	19	3
5.	16	34	21	45	19	55	5	43
6.	28	11	37	14	41	13	31	29
7.	2	3	3	4	17	5	14	8
8.	5	2	7	3	2	1	5	19
9.	8	3	10	4	5	3	8	15
10.	1	—	1	—	6	—	2	—

11.	13	10	17	13	27	8	12	10
12.	8	—	10	—	15	—	7	3
13.	4	1	5	1	2	—	3	—
14	1	1	1	1	12	—	26	7
15.	5	—	7	—	8	—	7	—
16.	6	1	8	1	16	3	10	2
17.	—	—	—	—	5	—	3	—
18.	—	—	—	—	5	2	—	—
19.	—	—	—	—	5	—	3	—
20.	—	—	—	—	4	—	—	—
21.	5	—	7	—	2	—	10	—
22.	22	—	29	—	14	—	41	—
23.	11	—	14	—	4	—	3	—
24.	7	—	9	—	1	—	5	—
25.	15	—	20	—	8	—	10	—
26.	26	—	34	—	25	—	14	—
27.	36	—	47	—	21	—	2	—
28.	6	—	8	—	5	—	7	—
29.	4	1	5	1	1	1	3	—
30.	1	—	1	—	1	—	—	—
Summa	392	298	515	391	489	353	415	492

Die häufigste Unterart Typus 1 *(lange hwīle)* ist im Daniel in der zweiten Halbzeile erheblich zahlreicher als im Beowulf, aber doch noch nicht so häufig wie im Exodus. Der Typus 2 *(folcum gefrǣge)* steht wie im Exodus in der ersten Halbzeile um die Hälfte seltener als im Beowulf. Nur ganz vereinzelt findet sich im Daniel in der ersten Halbzeile der Typus 7 *(wēox under wolcnum)*, der im Beowulf und Exodus häufiger ist, während die im Beowulf sehr selten vorkommenden Typen 8 *(sōd is gecȳded)* und 9 *(flota wæs on ȳdum)* namentlich in der ersten Halbzeile öfter vertreten sind, was im Exodus umgekehrt von der zweiten Vershälfte galt.

Von den A^2-versen ist im allgemeinen zu bemerken, dass im Daniel eine ganze Reihe von Unterarten, nämlich die Typen 17—20, gänzlich fehlen. Diese im Daniel nicht verwendeten Typen sind Verse, die in beiden Takten Compositionen enthalten. Auch für den im Beowulf und Exodus zahlreich erscheinenden Typus 14 *(Grendles gūd-cræft)* hat der Daniel nur ein einziges Beispiel. Die Gesamtzahl der A²-verse im Daniel (48 + 16) ist demnach im Verhältnis zum Beowulf (99 + 13) und Exodus (71 + 22) etwa um die Hälfte geringer. Sehr zahlreich sind dagegen die A³-verse; sie finden sich doppelt so oft (168) als im Beowulf (80) und Exodus (92). Sämtliche Unterarten (Typus 21—28) erscheinen häufiger; ganz besonders oft begegnen die mit einem einsilbigen Worte beginnenden Typen 25 *(ic þæt gehȳre)*; 26 *(þā wæs on burgum)* und 27 *(nū gē mōton gangan)*, die gerade im Exodus seltener waren (s. o. S. 30).

Grundform IIa. B (31—40).

Typus	Daniel 1—765		Daniel ⁰/₀₀		Beowulf 1—1000		Exodus ⁰/₀₀	
31.	57	112	75	147	77	134	70	92
32.	19	23	25	30	15	27	12	24
33.	2	3	3	4	3	10	3	—
34.	9	28	12	37	5	26	8	12
35.	3	6	4	8	5	10	3	5
36.	2	1	3	1	3	2	—	2
37.	1	2	1	3	4	8	2	2
38.	—	—	—	—	1	—	—	—
39.	—	1	—	1	—	2	—	—
40.	—	—	—	—	—	1	—	—
Summa	93	176	122	231	113	220	99	136

Die Unterarten dieses Typus zeigen in beiden Halbzeilen keine merklichen Abweichungen vom Beowulf. Häufiger als sonst findet sich der Typus 34 *(him þa Scyld gewāt)*, in welchem die zweite Takthälfte nur durch ein einsilbiges Præfix, das den Nebenton trägt, vertreten ist. Verhältnismässig öfter als im Beowulf, noch weit häufiger aber als im Exodus, steht im Daniel in der zweiten Vershälfte die einfachste Art des B-typus, dessen mittlerer Takt von einem zweisilbigen Wort gebildet ist, nämlich Typus 31 *(him on bearme læg)*, etwas seltener der im Exodus gänzlich fehlende Typus 33 *(þām wīfe þā word)*.

Grundform 11ᵇ. D^2 (41—50).

Typus	Daniel 1—765		Daniel ⁰/₀₀		Beowulf 1—1000		Exodus ⁰/₀₀	
41.	6	—	8	—	5	11	17	2
42.	3	—	4	—	5	12	12	8
43.	10	—	13	—	5	—	2	—
44.	3	1	4	1	1	3	—	—
45.	2	—	3	—	2	1	7	2
46.	2	—	3	—	1	11	3	17
47.	—	—	—	—	1	5	—	14
48.	1	—	1	—	1	—	2	—
49	2	1	3	1	2	11	5	27
50.	—	2	—	3	3	2	2	2
Summa	29	4	38	5	26	56	49	71

Die D^2-verse stehen in der ersten Halbzeile im Daniel häufiger als im Beowulf, namentlich stark vertreten ist der Typus 43 *(grētte Gēata lēod)*; im Exodus ist gerade diese Versart sehr selten. Abweichend vom Beowulf und Exodus begegnen, wie schon erwähnt, im Daniel die D^2-verse in der zweiten Halbzeile nur ganz vereinzelt. Die Typen 41 *(blǣd wīde sprang)*, 42 *(flota stille bād)*, 46 *(fyrst forð gewāt)* und 47 *(werod eall ārās)*, die im Beowulf und Exodus in der zweiten Vershälfte ganz gewöhnlich sind und sogar öfter stehen als in der ersten, fehlen im Daniel ganz. Es ist überhaupt nur Typus 44 *(sēon sibbe-gedriht)* durch ein Beispiel und die beiden letzten Unterarten 49 *(wordhord on-lēac)* und 50 *(medo-stīg gemǣt)*, bei denen der zweite Teil des Compositums stärker betont ist als der erste, durch einige wenige Fälle vertreten. Auf diese Weise ist der Unterschied der Gesamtzahlen für den D^2-typus in der zweiten Halbzeile ein sehr auffallender. Der Daniel hat im Durchschnitt auf 1000 berechnet nur 5 Verse dieser Art, der Beowulf mehr als das zehnfache (56), und der Exodus noch mehr als dieser (71).

Wir erinnern uns, dass sich der Exodus durch grosse Bevorzugung der Grundform E auszeichnete. Im Daniel sind hingegen die E-verse weniger zahlreich als im Beowulf, wenngleich einige Unterarten häufiger wiederkehren. Es

Grundform III. E (51—60).

Typus	Daniel 1—765		Daniel °/oo		Beowulf 1—1000		Exodus °/oo	
51.	10	1	13	1	1	—	5	10
52.	5	4	7	5	5	4	8	12
53.	9	7	12	9	2	1	2	—
54.	—	—	—	—	—	3	2	2
55.	7	9	9	12	23	31	43	60
56.	8	—	10	—	7	10	7	17
57.	1	1	1	1	2	—	2	3
58.	—	—	—	—	—	1	2	—
59.	3	2	4	3	5	3	5	12
60.	—	—	—	—	3	5	—	3
Summa	43	24	56	32	48	58	75	119

sind dies die Typen 51 *(egsōde eorl)*, 53 *(œdelinges fær)*, für die Beowulf und Exodus nur sehr wenige Beispiele haben. Im Daniel gehören hierzu die zahlreichen Verse mit mehrsilbigen Namen, wie *Babilōne(s); Salomōnes; Israela; Caldēa* etc., die von dem Dichter nur in dem dreihebigen ersten Takte der Grundform E oder in dem dreihebigen Schlusstakte von C und D^1 unterzubringen waren. In der zweiten Halbzeile, die im Beowulf und Exodus gerade die E-verse bevorzugt, treten dieselben im Daniel wieder bedeutend zurück. Insbesondere erscheint im Gegensatz zu Beowulf und Exodus der Typus 55 *(weord-myndum þāh)* seltener, und der Typus 56 *(wlite-beorhtne wang)* fehlt gänzlich.

Grundform IVa. C (61—70).

Typus	Daniel 1—765		Daniel °/oo		Beowulf 1—1000		Exodus °/oo	
C^1 61.	25	12	33	16	6	2	20	5
62.	14	10	18	13	15	3	17	—
63.	10	5	13	7	2	—	3	—
C^2 64.	9	25	12	33	50	23	56	15
65.	21	18	28	24	54	18	48	7
66.	4	17	5	22	26	9	26	8
C^3 67.	13	41	17	54	25	61	15	22
68.	12	35	16	46	3	45	—	14
69.	14	38	18	50	6	41	5	27
70.	—	1	—	1	1	3	—	—
Summa	122	202	160	265	188	205	191	99

Die C^1-verse (Typus 61—63) sind in beiden Halbzeilen bevorzugt; sie finden sich in dem Daniel (64 + 36) dreimal so oft als im Beowulf (23 + 5). Auch hier finden wir die dreihebigen Eigennamen stark vertreten (s. o. p. 52). Dagegen treten die C^2-verse (Typus 64—66), welche in dem dreihebigen Takte ein Compositum enthalten, in der ersten Halbzeile ganz merklich zurück (45 + 79); im Beowulf (130 + 50) und Exodus (130 + 30) stehen dieselben in dreifacher Anzahl. In der zweiten Vershälfte sind sie umgekehrt viel zahlreicher als im Beowulf und Exodus. Die C^3-verse (Typus 67—70), die im Exodus verhältnismässig seltener sind (20 + 63), zeigen im Daniel (51 + 151) keine grossen Verschiedenheiten von dem Gebrauche des Beowulfliedes (35 + 150). Oefter als in dem Beowulf finden sich in der ersten Halbzeile die Unterarten 68 *(ic tō sǣ wille)* und 69 *(on fæder bearme)*.

Grundform IVb. D^1 (71—90).

Typus	Daniel 1—765		Daniel ⁰/₀₀		Beowulf 1—1000		Exodus	⁰/₀₀
71.	2	15	3	20	2	24	10	10
72.	2	11	3	14	—	11	7	14
73.	4	—	5	—	10	—	2	—
74.	4	12	5	16	15	19	22	12
75.	—	—	—	—	8	14	3	3
76.	4	—	5	—	2	—	2	—
77.	1	—	1	—	12	—	10	—
78.	4	2	5	3	5	4	3	3
79.	15	—	20	—	18	—	26	—
80.	1	2	1	3	8	10	5	—
81.	5	3	7	4	14	9	12	10
82.	12	—	16	—	6	—	20	—
83.	3	—	4	—	4	2	—	—
84.	—	—	—	—	—	1	—	—
85.	4	—	5	—	10	—	31	—
86.	1	—	1	—	3	2	5	3
87.	1	1	1	1	1	2	2	—
88.	1	—	1	—	2	1	—	—
89.	9	10	12	13	8	2	7	26
90.	3	1	4	1	5	3	2	—
Summa	76	57	100	75	133	104	168	81

Bemerkenswerte Abweichungen vom Beowulf und Exodus in der Verwendung des D^1-typus zeigt der Daniel namentlich in der ersten Halbzeile; er ist dort im Allgemeinen seltener gebraucht. Typus 75 *(sele-rædende)*, welcher in den andern beiden Gedichten mehrere Male vorkommt, fehlt im Daniel ganz und die sonst nicht ungewöhnlichen Typen 74 *(sæ-līdende)*, 77 *(lēof land-fruma)*, 80 *(fēond man-cynnes)*, 81 *(fromum feoh-giftum)* und 85 *(hwetton higerōfne)* werden viel weniger verwendet. Umgekehrt finden wir die Typen 79 *(mǣre mearc-stapa)*, 89 *(gūā-rinc monig)* und besonders 82 *(sīde sæ-næssas)* im Daniel öfter. In der zweiten Vershälfte treten einzelne Unterarten, besonders Typus 75 *(sele-rædende)*, 80 *(fēond man-cynnes)* und 81 *(fromum feoh-giftum)* im Vergleich zum Beowulf ebenfalls zurück, während Typus 89 erheblich häufiger ist. Bei den anderen Versarten ist das Verhältnis ungefähr dasselbe wie im Beowulf.

Alliteration.

Die allgemeinen Regeln über die Setzung der Alliteration sind auch im Daniel genau beobachtet. Erwähnung verdient jedoch die Eigentümlichkeit, dass im Daniel im Unterschiede zu der Praxis anderer Gedichte der Hauptstab öfter auf ein Possessivpronomen fällt, während das zugehörige Substantiv an der Alliteration nicht teilnimmt, so z. B. *sīnra þegna* 75; *sīne gerēfan* 79; *sīnum þegnum* 100; *sīnra lēoda* 120; *sīnum frēgan* 159; *þīne gerysna* 420; *sīne lēode* 469; *mīnra lēode* 484; *sīne lēode* 527; *sīnum lēodum* 649; *ofer sīn mægen* 759 (aber *witgum sīnum* 135; *herran sīnne* 393; *heortan þīne* 570), oder dass ein Verbum vor dem zugehörigen Substantiv alliterirt, z. B. *þenden hīe lēt metod* 56; *wiston drihten* 194; *hȳran lārum* 217; *burnon scealcas* 253; *hȳrdon lāre* 432. Trotz der etwas abweichenden Stellung der Reimstäbe müssen wir den Vers *sōd sunu metodes* 402 zur Grundform A (Typus 12), den Vers *heofon-*

hēahne bēam 554 zu E (Typus 56) rechnen, ein neuer Beweis dafür, dass man bei Beurteilung des Versrhythmus sich nicht allein von der Alliteration leiten lassen darf (s. o. p. 34).

Die Verse mit **Doppelalliteration** (362) sind im Daniel etwas geringer an Zahl als die mit einfacher Alliteration (400); für die einzelnen Grundformen aber bleibt das Verhältnis im allgemeinen dasselbe wie im Beowulf und Exodus:

	A	B	D^2	E	C	D^1	Reste
Doppel-All.:	210	19	28	22	21	62	—
Einf. All.:	182	74	1	21	101	14	7

Einige Verse des Daniel sind dadurch bemerkenswert, dass sie drei Reimstäbe in der ersten Halbzeile enthalten; es sind vorzugsweise „Schwellverse", wie *guman tō þām gyldnan gylde* 204, *hweorfon þā hǣdnan hæftas* 267; *hyssas hāle hwurfon* 271 und der D^2-vers *bǣron brandas on bryne* 246.

Gekreuzte Alliteration und **Enjambement** der Alliteration (s. o. p. 34 f.) finden wir auch im Daniel; doch will ich auf die einzelnen Fälle nicht näher eingehen.

Für die Häufigkeit des Vorkommens der einzelnen Laute als Träger des Stabreims erhalten wir folgende Tabelle:

	Vocale	b	c	d	f	g	h	l	m
Daniel	128	57	23	35	48	52	85	28	54
Dan. ⁰/₀₀	168	75	30	46	63	68	112	37	71
Beowulf	158	62	15	29	101	88	117	47	80
Exod. ⁰/₀₀	134	58	24	39	133	51	107	75	109

	n	r	s	sc	sp	st	t	þ	w
Daniel	14	23	74	2	1	4	8	16	110
Dan. ⁰/₀⁰	18	30	97	3	1	5	10	21	145
Beowulf	17	15	111	14	1	4	5	25	110
Exod. ⁰/₀₀	14	20	85	5	3	5	10	12	116

Die erste Stelle behauptet also auch hier vocalische Alliteration. Darauf folgt *w*, das gegenüber Beowulf und Exodus stark bevorzugt erscheint, während bei *h* das Verhältnis ungefähr dasselbe geblieben ist. Die im Exodus besonders beliebten Laute *f*, *m* und *l* werden dagegen im Daniel gerade viel seltener zu Alliterationszwecken verwendet.

Verfasserfrage.

Ueber die Composition des Daniel hat man die Ansicht aufgestellt, dass die Verse 280—409 (Dan. B) ursprünglich nicht in das Gedicht hineingehörten. Balg (Der Dichter Caedmon und seine Werke, Diss., Bonn 1882) versuchte zuerst nachzuweisen, dass Dan. B, der das sog. Azariaslied enthält, eine spätere Interpolation eines andern Dichters sei. Seine Meinung wird näher begründet durch Steiner (Ueber die Interpolation im ags. Gedichte Daniel, Leipzig 1889). Dagegen glaubt Hofer (Ueber die Entstehung des ags. Gedichtes Daniel; Anglia XII (1889), 158 ff.), dass der Dichter des Daniel selbst das Azariaslied, welches uns ausserdem noch in einer andern Redaktion im Codex Exoniensis überliefert ist, seinem Gedichte, das ursprünglich nur die Verse 1—279 umfasste, beigefügt und dazu von Vers 410 ab eine Fortsetzung gegeben habe. Wenn wir die metrische Form in Dan. A (V. 1—279; 410 bis 765) und Dan. B (V. 280—409) einer genauen vergleichenden Prüfung unterziehen, so zeigen diese beiden Teile, wie aus unserer Zusammenstellung auf p. 40 ff. ersichtlich ist, keine merklichen Verschiedenheiten. Während die in den Exodus eingeschobene Episode (V. 362—445) durch die Bevorzugung oder das Zurücktreten bestimmter Versarten sich deutlich vor der übrigen metrischen Form der Dichtung als Interpolation kennzeichnete, **sind** die metrischen Abweichungen des Dan. B vom Dan. A so geringfügig, dass wir darin nicht mit Balg und Steiner eine spätere Interpolation erblicken dürfen, sondern höchstens mit Hofer annehmen können, es habe der Dichter des Daniel selbst eine ältere englische Uebersetzung des Azariasliedes ganz oder teilweise in sein Werk hineingearbeitet.

Satan.

Der Text des Satan ist uns höchst mangelhaft überliefert und es hat darum die Textkritik gerade bei diesem Gedichte einen besonders grossen Spielraum gehabt. Wir sehen aber dabei wiederum, wie nur eine genaue Kenntnis der rhythmischen Einzelheiten des Alliterationsverses uns in den Stand setzt, mit Sicherheit die ursprüngliche Lesart herauszufinden. Näheres darüber an anderem Orte. Hier füge ich nur die von früheren Forschern oder von mir selbst gemachten Besserungsvorschläge der Zusammenstellung der Verse in Klammern bei.

Erste Halbzeile.

I. A. (×) ¦ ×́××× ¦ ×́××

Typus 1. Sat. 16 (dǣlas S.). 17. 20. 24. 28. 36. 57 (scyppend S.). 76. 82 (dryhtne). 111. 113. 116. 125. 156. 162. 184. 188. 201. 202* (hēahan). 205*. 211. 219. 221. 236. 238. 241. 244. 253. 260 (grimme grundas). 260ª (rice halded). 272. 285. 296. 302. 327. 331. 343. 347. 353. 355. 367. 384 (fāgum folce Gr.). 397. 398. 418. 424. 428. 449. 450. 464. 473. 476. 483. 484. 507. 509. 532. 555. 559 (folgad folcum Gr.). 564. 569 576. 596. 602 614 (gegnum gongan Gr.). 623. 627. 629. 631. 632. 651. 653. 664. 688. 729.

Typus 2. Sat. 12. 40. 68. 72. 97. 103. 104. 122. 163. 174. 186. 203* (ēne in wuldre mid | alra

Zweite Halbzeile.

I. A. (×) ¦ ×́×>× ¦ ×́××

Typus 1. Sat. 3. 11. 23 (bryttan). 27. 35. 37. 44. 45. 46. 47. 51. 65. 70. 71. 75. 81. 84. 85. 107. 109. 124. 126. 132. 133. 134. 138. 140. 142. 146. 151. 154. 160. 168. 172. 176 (habban mōste). 182. 189. 198. 199. 202*. 208. 209. 214. 218. 220. 222. 225 (fēonda mænigo Holth.). 229. 232. 233. 234. 235. 255. 259. 261 (ēce drihten). 277. 286. 287. 295. 297. 305. 312. 319. 329. 351. 357. 364. 370. 375. 378 (ēagum wlītan). 386. 388. 391. 400. 407. 410. 411. 419. 420. 443. 447. 451 (ǣfre wēnan). 452 (dēofla cynne Gr.). 455. 460. 471. 477. 497 (ēowan micelne). 498. 500. 510. 512. 513 (hālgum drihtne). 514. 520. 523.

gescejta). 217. 243. 257. 306. 308.
344. 445. 605*. 638. 650. 724.
Typus 3. Sat. 5. 10 (geojene
Gr.). 15. 29. 32. 43. 48. 49. 56. 79.
83. 93. 96. 99 (hredre Gr.). 105. 110.
117. 119. 123. 136. 139. 142. 145.
149. 150. 153. 157. 175. 178. 181
(wuldre Gr.). 192. 207. 223. 231.
237. 249. 263. 267. 269. 279. 281.
293. 300. 325. 328. 330. 332. 340.
341. 357. 361. 409. 414. 433. 454.
455. 478. 487. 495. 508. 511. 519.
525. 533. 540. 545. 546. 556 (wunian in wynnum). 565. 585. 587.
591. 608. 641 662. 689. 717.
Typus 4. Sat. 4. 13. 19. 59.
63. 70. 133. 215. 264. 274 (bitres in
þæs brandes Holth.). 287 (gierwan).
294. 373. 430. 460. 504. 672. 676.
684. 716.
Typus 5. Sat. 282. 310 (fride
befædmed Gr.). 393. 453. 463. 557.
594. 607. 660 (up gelæddest Gr.).
693.
Typus 6. Sat. 6. 8. 42. 45. 87.
128. 143. 155. 159. 185. 206. 227.
254. 258. 288. 315. 321. 324. 336
337. 342. 362. 380. 381. 388. 394.
401. 403. 406. 425. 427. 435. 444.
(werud tō wuldre Gr.. 458. 461.
467. 480. 482. 496. 499. 506. 531.
550. 554. 582. 593. 619. 625. 637.
657. 663. 686 687. 715. 728.
Typus 7. Sat. 26. 31. 91. 135.
305. 319. 379 (ā būton ende). 405.
Typus 8. Sat. 468. 609 (wile
þon gescēadan Bout.). 691.
Typus 9. Sat. 190. 286. 400.
701.
Typus 10. Sat. 392. 580 (hond
ist zu streichen). 589. 699.
Typus 11. Sat. 18. 348. 434.
475.

530. 535. 536. 548. 558. 561. 563
(hālig scyppend). 567. 568. 581.
582. 586 (hālig þengel Gr.). 592.
595. 598. 599 (ōdre side Gr.).
600. 601. 603. 619. 626 (rodera
waldend Gr.). 630. 631. 635. 643.
647. 652. 653. 655. 656. 661. 666.
672. 673. 674. 675. 678. 680 (hālge
drēamas). 680ᵃ (hālig scyppend).
683. 690. 696. 702.
Typus 2. Sat. 38. 52. 58. 62.
100. 108. 121. 127. 129. 131. 137.
144. 171. 197. 206. 251. 267. 284.
291. 296. 307. 316. 324. 333. 341.
343. 352. 369. 371. 382. 385. 390.
399. 416. 421. 429. 436. 439. 442.
446. 469. 472. 476. 481. 488. 502.
519. 526. 537. 551. 572. 575. 584.
597. 612. 645. 649. 709. 718. 725.
Typus 3. Sat. 4. 19 (dugude
and geogode Ettm.). 50. 54. 120.
183. 187. 317. 440. 543. 552. 590.
633. 729 (drēogan ne mihton Holth.).
Typus 5. Sat. 7 (dene Gr.). 9.
29. 69. 77. 88. 92. 114. 116. 148.
150. 169. 205*. 212. 228. 246 271.
278. 290. 303. 326. 366. 384 (ferhd
geāclōd Gr.). 402. 431. 465. 501.
505. 517. 518. 542. 553. 588. 604
(onwecnað S). 639. 642. 706 (hafast
ā-metene). 711.
Typus 6. Sat. 2. 16. 34. 161.
204* (cēosan ūs | eard in wuldre).
258. 381. 515. 579. 580. 610. 703.
Typus 7. Sat. 104. 252. 315.
462. 616. 679.
Typus 8. Sat. 67. 264. 376
(heonan tō geglīdan). 415. 687.
695.
Typus 9. Sat. 39.
Typus 10. Sat. 17.
Typus 11. Sat. 372. 636 (þearllīc wīte Gr.).

Typus 12. Sat. 485.
Typus 14. Sat. 7. 60. 118. 245.
708 (*grimme* S.).
Typus 15. Sat. 298. 309 (*sceldbyrg*). 547. 648 (*swegl-torht* Th.).
Typus 16. Sat. 47. 152. 214 (*þær is* ist zu streichen). 248. 275. 404. 503 (*geāre* ist als entbehrlich zu streichen). 681.
Typus 17. Sat. 61.
Typus 21. Sat. 55. 147. 210. 322. 417. 527. 613. 667. 683.
Typus 22. Sat. 22. 77. 80. 101. 115. 151. 176. 194. 196. 276. 283. 292. 299. 304. 323 326 (*sceoldon ēc*). 335. 338. 356. 359. 383. 385 (*wǣron þā*). 391. 413. 436 437. 573. 604. 620 (*stondad* vielleicht zu streichen). 624. 628. 630. 706 (*seoððan þū þon handum*). 718.
Typus 23. Sat. 14. 240. 603 (*geond þā feower* Holth.). 722.
Typus 24. Sat. 252. 270. 354.
Typus 25. Sat. 53. 200. 230. 360. 441. 474. 479. 529. 538. 539 (*hwǣr þec gelēgdon*). 577. 615. 644 685. 697.
Typus 26. Sat. 25. 34 (*don*). 84. 141. 198. 246. 250. 266. 277. 303. 345. 349 (*nis nān swā snottor*). 369. 375. 396. 457. 465. 469. 472. 501. 510. 537. 542. 543. 544. 558. 563. 586. 652. 665. 673. 674. 694. 726 (*þā hē þæt gēmde* Holth.).
Typus 27. Sat. 23. 37. 41. 46. 81. 85. 88. 92. 108. 112 (*ac ic sceal on flyhte*). 124 148. 154. 173 177. 179. 187. 195. 247. 251. 284. 290. 291. 316. 346. 372. 378. 416 439. 470. 486 (*oferhȳrdon* Gr.). 493. 505. 518. 524 553. 575. 590. 643. 669. 705 (*þon*). 733.

Typus 12. Sat. 522 (*andleofan gingrum*).
Typus 14 Sat. 194 273 (*þinga ǣg-hwile*). 573.
Typus 16. Sat. 363. 480.
Typus 17. Sat. 181. 698.

II^a. B. (×) × (×) ' ×× × × ' ×.
Typus 31. Sat. 6. 8. 13. 14. 18. 20. 22. 26. 28. 30. 31. 36. 40. 42. 48. 49. 56. 61. 64 (*sūsl*). 68. 73. 79. 87. 91. 93. 94. 96. 101. 102. 103. 110. 111. 113. 135. 136. 141. 147. 149. 152 (*ful oft wuldres swēg* Gr.). 156. 157. 164. 165. 177. 178. 184. 190. 196. 213. 215. 217. 219. 231. 237. 239 (*and þām ǣdelan tō* Holth.). 243. 247. 248. 249. 253. 254. 256. 257. 262. 265. 266. 270. 272 275. 281. 283. 298. 304. 306. 309. 311. 314. 321. 323. 330. 331 (*ah nymþe gryndes bealu* Gr.). 332. 336. 337. 338. 348. 353. 356. 360. 373. 392. 393. 394. 398. 401. 403. 404. 409. 413. 417. 425 (*mid minre fare?*). 427. 430. 433. 434. 438. 441. 444 (*clom* S.). 445. 449. 450. 453. 454. 457. 459. 464 (*þæt hē wolde swā*; vgl Sat. 256). 467. 473. 482. 483. 484. 485. 493. 495. 499. 504 (*in þam minnan hām*). 506 (*þæt hēo āgan sculon* Holth.). 507. 508. 511. 521. 527. 531. 532. 533. 539. 540. 550. 554 (*þǣr wē āgan sculon* Holth.). 555. 556. 564. 574. 583. 585. 587. 589. 591. 593. 596. 605. 606. 607. 611. 615. 617. 618 (*þūr habbad gē*). 623. 624. 625. 628. 637. 638 (*spell* S.). 646. 650. 659 (*tudr*). 660. 668. 669. 685. 691. 694. 713. 715. 721. 724. 726. 727. 728.

Typus 28. Sat. 220. 387. 517. 639. 702.
Typus 29. Sat. 534.
Typus 30. Sat. 727.

II^a. B. (×) x́ (×) | x́x́ x́× x́.

Typus 31. Sat. 9. 11. 30 (*sceolun* Hs.). 33 (*scyldge*). 38. 44 (*dryhtne*). 66. 95. 109. 126. 129. 131. 140. 144 (*ēadge* Bout.). 164. 165. 167. 168. 182. 193. 212. 218. 224. 233. 234. 268. 273. 289. 297 (*þūr hēo wīde-ferhd* Gr.). 314 (*āgan drēama drēam*). 351. 352 (*hū scīma þūr* Holth.). 366. 390. 411. 412. 419. 420. 440. 452. 462. 477. 481 (*wong*). 492. 494. 498. 502. 514. 516. 523. 536. 541. 552. 567. 570 (*þā gȳt mid niddum wæs*). 571. 572. 578. 583. 584. 588. 597. 612. 633. 634. 636. 647. 658. 661. 696. 710. 711. 723. 725.

Typus 32. Sat. 102. 180. 225. 261 (*þē us eorre geweard*). 410. 432. 446. 489 (*þā mē æt heortan gehrēaw*; vgl. Cr. 1494). 491. 526. 549. 680^a (*þā hē mid hondum genom*). 703.

Typus 33. Sat. 107. 169. 170. 171. 598.

Typus 34. Sat. 488. 512. 530 (*on up gestōd* Holth.). 730.

Typus 35. Sat. 120. 132. 235. 333. 350 (*nē þæs swā glēaw and wīs*). 707.

Typus 37. Sat. 100. 376. 426. 592.

II^b. D². (×) x́x́ | x́x́x́× | x́.

Typus 41. Sat. 137. 682 (*blāc healowes gāst*; vgl. Sat. 721). 721.
Typus 42. Sat. 262.
Typus 43. Sat. 456. 712.
Typus 45a. Sat. 199. 581.

Typus 32. Sat. 24 (*wirse*; vgl. Sat. 125. 175). 55. 86. 118. 125. 139. 174. 175 (*þæs* Gr.). 201. 339. 379. 406. 418. 487. 496. 516. 560. 578. 602. 627. 664. 670. 681. 700. 712. 716.

Typus 33. Sat. 60. 83. 99. 130. 145. 191 (*dydon his gingran swā some* Gr.). 355. 405. 408. 448. 458.

Typus 34. Sat. 21. 76 (*wæs þū forht āgēn* Gr.). 78. 123. 163. 179 (*hū ic in hæft becwōm*). 192. 241. 245. 344. 347. 374. 387. 432. 466. 478. 489. 534. 545. 549. 569. 682. 717.

Typus 35. Sat. 82. 97. 207. 226. 322. 335 (*nymde hāt and cald*). 629. 665. 699.

Typus 36. Sat. 576.
Typus 37. Sat. 325. 342.

II^b. D². (×) x́x́ | x́x́x́× | x́.

Typus 41. Sat. 32. 162. 244 260 (*god seolfa him*). 318. 701. 707 *hell inne sēo* S.). 708.
Typus 42. Sat. 10. 12. 657.
Typus 46. Sat. 5. 80 (*word in ā-drāf*). 686.
Typus 49. Sat. 238. 544.
Typus 50. Sat. 240.

III. E. (×) | x́x́x́x́(×) | x́.

Typus 51. Sat. 461.
Typus 52. Sat. 106. 119. 268. 293. 328. 346. 354. 389 (*fāgerre* Gr.). 486. 570 (*nergende Crist*).
Typus 55. Sat. 43. 128. 155. 159. 180. 186. 250. 294. 362. 479 (*frēo-drihtnes ēst* Gr.). 546.
Typus 56. Sat. 242. 422.
Typus 58. Sat. 285.

IV^a. C. (×)x́(×) x́x́x́x́.

Typus 61. Sat. 230. 503. 509. 620.

III. E. (×) | ××̍×̍×(×) | ×̍.
Typus 51. Sat. 371 (*Satanus seolf* Holth.). 408. 692.
Typus 52. Sat. 71. 134. 213 (*mycele* ist zu streichen). 377. 415. 421. 497 (*tintergan fela*). 562.
Typus 53. Sat. 679.
Typus 55. Sat. 216. 307. 339. 395. 561. 599.

IV^a. C. ×̍ (×) × ' ×̍×̍×̍×̍ | .
Typus 61. Sat. 3. 78. (*spearcnde* Gr.). 127. 242. 280. 422. 447. 535. 548. 655. 666. 671.
Typus 62. Sat. 54. 62. 172. 329. 364. 382. 490 (*þæs carcernes* Ettm.). 521. 595. 627. 645.
Typus 64. Sat. 58. 368. 431. 600. 617. 695
Typus 65. Sat. 1. 51. 74. 130. 138. 146 (*þāra ǣ-fæstra* Gr.). 208. 209. 259. 265. 271. 312 (*wuldr-cyninge*). 423. 429. 451. 466. 610. 611. 675. 690.
Typus 66. Sat. 27. 50. 65. 69. 114. 183. 197. 228. 278 (*on heofon-rīce*). 317. 370. 399 (*þæs hereweorces*; vgl. El. 656). 618 (*tō heofon-rīce*). 670 (*of heofon-rīce*). 680 (*on heofen-rīce*).
Typus 67. Sat. 229. 255. 407. 443. 551. 568. 635.
Typus 68 Sat. 166. 256. 520. 649. 709 (*seondon* Hs.).
Typus 69. Sat. 2. 67 (*on cearum cwiddun*; vgl. Cr. 1131. Gu 194). 98 (*ēce æt duru helle*). 106. 160 *cwidde* S.). 389. 438. 606. 654. 678.

IV^b. D^1. (×) ×̍× | ×̍×̍×̍×̍ |.
Typus 71. Sat. 75.
Typus 74. Sat. 86. 334 (*and* ist zu streichen). 574. 622.

Typus 62. Sat. 221. 334 (*mecga* ist zu streichen).
Typus 64. Sat. 15. 95. 115 (*wuldr-cyning*). 167. 227 (*wuldr-cyning*). 282. 428 (*wuldr-cyning*). 463.
Typus 65. Sat. 188. 224 (*wuldr-cyninge*). 288 (*god* ist zu streichen). 435 (*þæt heora frēo-drihten* Bout.). 547. 641 (*þūr de hīe frēo-drihten* Gr.). 684 (*lond-būend* S.).
Typus 66. Sat. 216. 349 (*nē swā searo-cræftig* Holth.). 437. 562. 571. 654 (*tō heofon-rīce* Gr.). 658.
Typus 67. Sat. 57. 74. 117. 166. 193. 210. 260$_a$ (*hē is riht cyning*; vgl. Sat. 688). 263. 279. 292. 301. 327. 350. 358. 397 (*up* Gr.). 424. 475. 525. 565. 608. 622. 644 (*woruld* Gr.). 662. 663. 688. 692. 733.
Typus 68. Sat 105. 122. 200 (*þæt hē cræft hæfde* Gr.). 236. 361. 377. 383. 412 (*ne* ist zu streichen). 414. 566. 613. 634. 689. 705.
Typus 69. Sat. 33. 53. 59. 63. 112 (*and on flyge þrāgum*). 158. 185. 211. 223. 302. 308. 368. 380 (*þū hē duru helle*). 423. 474. 491. 494 (*sette*). 538. 557. 594 (*uton teala hycgan* Gr.). 614. 632. 651. 676. 693. 710. 722.
Typus 70. Sat. 143. 492. 529.

IV^b. D^1. (×̍) ×̍× ; ×̍× ×̍×̍ .
Typus 71. Sat. 25. 41 (*sūsl*). 66. 170. 276. 320. 345. 468. 490 (*clom drōwde*). 524. 541 (*eft scēawiad*).
Typus 72. Sat. 72 (*hwearfēdon* S.). 98. 274. 395.
Typus 74. Sat. 1. 153. 195. 299 (*ār*). 367. 577. 723.
Typus 75. Sat. 300. 396. 426. 648.

Typus 75. Sat. 158. 318. 402.
Typus 78. Sat. 35. 191.
Typus 79. Sat. 21 94. 189.
239. 320. 358. 363. 374. 386. 442.
471. 500 (rīces rǣd-boran S.). 640.
656. 659.
Typus 80. Sat. 448. 566. 579.
713.
Typus 81. Sat. 64. 121. 161.
226 (yfel ondettan Holth.). 301. 311.
459. 515. 616. 668. 698.
Typus 82. Sat. 39. 52. 73. 232
(drēogan dōmlēase). 295. 522. 560
(man-cynne Gr.). 601. 642.
Typus 83. Sat. 700 (hel heoro-
drēorig Gr.).
Typus 85. Sat. 222.

Reste:

Sat. 89 (wēne gē þæt tācen sutol).
90 (þū ic of) 513 (tō). 528 (hāligne).
646 (georne þurh godes gife). 677
(fehlt). 704 (and hū sīd) 719 hæf-
don gewunnen). 731 (wordum in-
witum). 732 (reordian and cwedan).

Typus 78 Sat. 269. 280 340. 719.
Typus 81. Sat. 310. 359. 671 697.
Typus 89. Sat. 289 456. 470.
559 667.

Reste.

Sat. 89 (and wærgdu). 90 (ā-
seald wæs). 173 (sunu meotodes).
528 (godes sunu). 609 (wlitige and
unclǣne). 640 (stāled). 677 (nymþe
mē ǣnne). 704 (sē swarta edm sēo).
730 (fehlt). 731 (ongunnon þū wēri-
gan gāstas). 732 (fehlt).

Es fallen fort die zweiten Halb-
zeilen von V. 203. 620. 713 und
die ersten Halbzeilen von V. 204.
621. 714, da die Verse 203/4. 620/21.
713/14 in je einen Vers zusammen-
gezogen wurden, ferner V. 313
(späterer Zusatz), 365 (Prosabe-
merkung), 720 (von Grein ergänzt,
von Wülker fortgelassen). Dafür
kommen neu hinzu die Verse 260ª
und 680ª. Die Gesamtzahl der
Verse des Satan beträgt danach
733 − 6 + 2 = 729.

Nach obiger Zusammenstellung erhalten wir für die
Verteilung der Verse des Satan auf die sechs rhythmischen
Grundformen folgende Tabelle:

Typus	Satan 1—733.		Satan º/oo		Beowulf 1—1000.		Daniel º/oo	
A	450	287	617	394	489	353	515	391
B	106	251	145	344	113	220	122	231
D²	8	17	11	23	26	56	38	5
E	18	25	25	34	48	58	56	32
C	86	99	118	136	188	205	160	265
D¹	51	39	70	54	133	104	100	75
Reste	10	11	14	15	3	4	9	1
Summa	729	729	1000	1000	1000	1000	1000	1000

In der Anwendung der sechs Grundformen ergeben sich danach für den Satan folgende stark hervortretende Abweichungen vom Beowulf und Daniel: Die A- und B-verse finden sich in beiden Halbzeilen häufiger, und zwar sind die A-verse in der ersten, die B-verse in der zweiten Halbzeile ganz besonders bevorzugt, so dass in der ersten Halbzeile die A-verse mehr als $^3/_5$, in der zweiten die B-verse mehr als $^1/_3$ sämtlicher Verse ausmachen. Alle andern Grundformen treten infolgedessen in beiden Vershälften zurück; sie erscheinen etwa halb so oft als im Beowulf.

Das Verhältnis der beiden Halbzeilen zu einander gestaltet sich dagegen im Satan nicht wesentlich verschieden von dem des Beowulf:

	Satan I	Satan II	Beowulf I	Beowulf II	Daniel I	Daniel II
A	100:	63	100:	72	100:	76
B	100:	237	100:	195	100:	189
D^2	100:	212	100:	215	100:	14
E	100:	139	100:	121	100:	56
C	100:	116	100:	109	100:	166
D^1	100:	76	100:	78	100:	75

Wir wenden uns nunmehr wieder der Beobachtung der feineren rhythmischen Eigenheiten des Satan zu, indem wir die verschiedene Verwendung der Unterarten der sechs Grundformen im Vergleich zum Beowulf untersuchen. Auch die entsprechenden Angaben für den Daniel sind beigefügt, um die Verschiedenheiten der früher einem Verfasser zugeschriebenen Gedichte besser hervorzuheben. Die Zahlen für den Exodus kann ich aus Raummangel hier nicht wiederholen; doch ist dessen Sonderstellung innerhalb der gesamten ae. Dichtung bereits oben (p. 26 ff.) klargelegt worden.

Wie oben bereits bemerkt, sind im Satan die A-verse in beiden Halbzeilen, ganz besonders in der ersten, zahlreicher vertreten als im Beowulf. Umsomehr muss es auffallen, dass gerade die einfachste und sonst häufigste Unter-

— 64 —

art der A-verse, Typus 1 *(lange hwile)* in der zweiten
Halbzeile nur ebenso oft, in der ersten sogar noch seltener
auftritt als im Beowulf. Die Steigerung betrifft vielmehr
in der zweiten Halbzeile fast nur den Typus 2 *(folcum*

Grundform I. A. 1—30.

Typus	Satan 1—733		Satan %o		Beowulf 1—1000		Daniel %o	
1.	75	139	103	190	120	188	129	225
2.	23	60	32	82	45	53	26	60
3.	77	14	106	19	41	18	42	17
4.	20	—	27	—	12	3	16	1
5.	10	38	14	52	19	55	21	45
6.	55	12	75	16	41	13	37	14
7.	8	6	11	8	17	5	3	4
8.	3	6	4	8	2	1	7	3
9.	4	1	5	1	5	3	10	4
10.	4	1	5	1	6	—	1	—
11.	4	2	5	3	27	8	17	13
12.	1	1	1	1	15	—	10	—
13.	—	—	—	—	2	—	5	1
14.	5	3	7	4	12	—	1	1
15.	4	—	5	—	8	—	7	—
16.	8	2	11	3	16	3	8	1
17.	1	2	1	3	5	—	—	—
18.	—	—	—	—	5	2	—	—
19.	—	—	—	—	5	—	—	—
20.	—	—	—	—	4	—	—	—
21.	9	—	12	—	2	—	7	—
22.	34	—	47	—	14	—	29	—
23.	4	—	5	—	4	—	14	—
24.	3	—	4	—	1	—	9	—
25.	15	—	21	—	8	—	20	—
26.	34	—	47	—	25	—	34	—
27.	42	—	58	—	21	—	47	—
28.	5	—	7	—	5	—	8	—
29.	1	—	1	—	1	1	5	1
30.	1	—	1	—	1	—	1	—
Summa	450	287	617	394	489	353	515	391

gefrǣge), der dort erheblich öfter vorkommt als im Beowulf,
in der ersten Halbzeile, wenn wir von den A^3-versen ab-
sehen, ganz besonders die Typen 3 *(folce tō frōfre)* und 6
(geong in geardum), zum Teil auch 4 *(sægdest from his*

sīde). Namentlich ist die Bevorzugung des Typus 3 überraschend; er steht in der ersten Halbzeile des Satan 2½ mal so oft als im Beowulf und Daniel, 4 mal so oft als im Exodus und übertrifft an Zahl sogar den sonst von keiner anderen Versart erreichten Typus 1.

Für die Gesamtzahlen der A^2-verse im Satan (30 + 14) stellt sich das Ergebnis heraus, dass sie in der ersten Halbzeile ganz auffallend seltener sind als im Beowulf (99 + 13); sie betragen kaum ein Drittel davon. Die A^2-verse treten danach im Satan noch weit mehr zurück als im Daniel (48 + 16), der sich seinerseits schon merklich durch das seltenere Vorkommen derselben in der ersten Halbzeile auszeichnete. Es sind sämtliche Unterarten weniger oft angewendet; die Typen 18—20 fehlen wie im Daniel gänzlich; verhältnismässig am zahlreichsten finden wir Typus 16 *(hēah and horn-ġēap)*.

Dagegen sind die A^3-verse (Typus 21—28) wieder sehr stark im Satan (201) vertreten, stärker noch als im Daniel (168), welcher doppelt so viel Verse dieser Art aufweist als Beowulf (80) und Exodus (92). Ganz besonders häufig finden wir die auch im Beowulf beliebten Typen 22 *(sōna þæt onfunde)*, 26 *(þū wæs on burgum)* und 27 *(nū ġē mōton gangan)*.

Grundform IIa. B (31—40).

Typus	Satan 1—733		Satan $^o/_{oo}$		Beowulf 1—1000		Daniel $^o/_{oo}$	
31.	74	179	102	246	77	134	75	147
32.	13	26	18	36	15	27	25	30
33.	5	11	7	15	3	10	3	4
34.	4	23	5	32	5	26	12	37
35.	6	9	8	12	5	10	4	8
36.	—	1	—	1	3	2	3	1
37.	4	2	5	3	4	8	1	3
38.	—	—	—	—	1	—	—	—
39.	—	—	—	—	—	2	—	1
40.	—	—	—	—	—	1	—	—
Summa	106	251	145	344	113	220	122	231

Graz, Die Metrik der sog. Caedmonschen Dichtungen.

Die erhebliche Steigerung, welche die B-verse im Satan, namentlich in der zweiten Vershälfte erfahren, kommt fast ausschliesslich der einfachsten und gebräuchlichsten Unterart, dem Typus 31 *(him on bearme læg)*, zu gute; er findet sich hier nahezu doppelt so oft als im Beowulf und Daniel, fast dreimal so oft als im Exodus. Die Verschiedenheiten in den übrigen Typen der Grundform B sind dagegen unbedeutend.

Grundform II^b. D^2 (41—50).

Typus	Satan 1—733		Satan °/oo		Beowulf 1—1000		Daniel °/oo	
41.	3	8	4	11	5	11	8	—
42.	1	3	1	4	5	12	4	—
43.	2	—	3	—	5	—	13	—
44.	—	—	—	—	1	3	4	1
45.	2	—	3	—	2	1	3	—
46.	—	3	—	4	1	11	3	—
47.	—	—	—	—	1	5	—	—
48.	—	—	—	—	1	—	1	—
49.	—	2	—	3	2	11	3	1
50.	—	1	—	1	3	2	—	3
Summa	8	17	11	23	26	56	38	5

Die D^2-verse finden sich im Satan weniger oft als im Beowulf und Exodus, und zwar in beiden Halbzeilen, jedoch sind sie nicht in so hohem Grade selten wie im Daniel, der in der zweiten Halbzeile überhaupt nur 4 Beispiele für diesen Typus aufweist. Die auch sonst selteneren Typen 44 *(sēon sibbe-gedriht)*, 47 *(flota wæs on ȳðum)* und 48 *(lēoda land-geweorc)* fehlen ganz; die Typen 42 *(flota stille bād)*, 46 *(first ford gewāt)* und 49 *(word-hord onlēac)* sind in der zweiten Halbzeile weit seltener zu finden als im Beowulf und Exodus.

Die Verse von der Grundform E treten im Satan im Vergleich zum Beowulf, Exodus und Daniel stark zurück; namentlich erwähnenswert ist es, dass die Typen 57—60, bei denen auf das dreihebige Wort noch eine Senkungssilbe folgt, fast gänzlich fehlen. Typus 56 *(wlite-beorhtne wang)*, der im Daniel nur in der ersten Vershälfte vorkommt, ist hier umgekehrt auf die zweite Halbzeile beschränkt, aber auch dort verhältnismässig selten. Zahlreicher als im Beowulf erscheinen nur diejenigen E-verse,

Grundform III. E (51—60).

Typus	Satan 1—733		Satan °/oo		Beowulf 1—1000		Daniel °/oo	
51.	3	1	4	1	1	—	13	1
52.	8	10	11	14	5	4	7	5
53.	1	—	1	—	2	1	12	9
54.	—	—	—	—	—	3	—	—
55.	6	11	8	15	23	31	9	12
56.	—	2	—	3	7	10	10	—
57.	—	—	—	—	2	—	1	1
58.	—	1	—	1	—	1	—	—
59.	—	—	—	—	5	3	4	3
60.	—	—	—	—	3	5	—	—
Summa	18	25	25	34	48	58	56	32

in denen der am Eingange stehende dreihebige Takt durch ein einfaches Wort ausgefüllt ist; der Typus 52 *(murnende mōd)* ist z. B. im Satan doppelt so oft vertreten als im Beowulf und Daniel.

Grundform IVª. C (61—70).

Typus	Satan 1—733		Satan °/oo		Beowulf 1—1000		Daniel °/oo	
C¹ 61.	12	4	16	5	6	2	33	16
62.	11	2	15	3	15	3	18	13
63.	—	—	—	—	2	—	13	7
C² 64.	6	8	8	11	50	23	12	33
65.	20	7	27	10	54	18	28	24
66.	15	7	21	10	26	9	5	22
C³ 67.	7	27	10	37	25	61	17	54
68.	5	14	7	19	3	45	16	46
69.	10	27	14	37	6	41	18	50
70.	—	3	—	4	1	3	—	1
Summa	86	99	118	136	188	205	160	265

Im Durchschnitt sind die C-verse im Satan bedeutend seltener angewendet als im Beowulf; etwas häufiger finden sich wieder nur diejenigen Verse, in denen der dreihebige

Takt ein einfaches Wort enthält (Typus 61-63), entsprechend den allein häufiger gebrauchten Unterarten des E-typus. Die C²-verse (Typus 64—66), bei denen ein dreihebiges Compositum am Versende steht, begegnen in beiden Halbzeilen etwa um die Hälfte seltener als im Beowulf; namentlich tritt Typus 64 (*in geār-dagum*), bei dem die zweite Hebung des dreihebigen Taktes auf eine kurze Silbe fällt, im Vergleich zum Beowulf und Exodus erheblich zurück. Dasselbe gilt von den sog. C³-versen (Typus 67 bis 70), bei denen zwei selbständige Wörter den dreihebigen Takt bilden. Es ist Typus 67 (*on bearm scipes*) in beiden Halbzeilen und Typus 68 (*ic tō sǣ wille*) in der zweiten nur halb so stark vertreten als im Beowulf. Etwas öfter stehen in der ersten Vershälfte die Typen 68 (*ic tō sǣ wille*) und 69 (*on fæder bearme*); letzterer kommt auch in der zweiten Vershälfte ungefähr so oft vor wie im Beowulf.

Grundform IVᵇ. D¹ (71—90).

Typus	Satan 1—733		Satan °/₀₀		Beowulf 1—1000		Daniel °/₀₀	
71.	1	11	1	15	2	24	3	20
72.	—	4	—	5	—	11	3	14
73.	—	—	—	—	10	—	5	—
74.	4	7	5	10	15	19	5	16
75.	3	4	4	5	8	14	—	—
76.	—	—	—	—	2	—	5	—
77.	—	—	—	—	12	—	1	—
78.	2	4	3	5	5	4	5	3
79.	15	—	21	—	18	—	20	—
80.	4	—	5	—	8	10	1	3
81.	11	4	15	5	14	9	7	4
82.	9	—	12	—	6	—	16	—
83.	1	—	1	—	4	2	4	—
84.	—	—	—	—	—	1	—	—
85.	1	—	1	—	10	—	5	—
86.	—	—	—	—	3	2	1	—
87.	—	—	—	—	1	2	1	1
88.	—	—	—	—	2	1	1	—
89.	—	5	—	7	8	2	12	13
90.	—	—	—	—	5	3	4	1
Summa	51	39	70	54	133	104	100	75

Auch die D¹-verse sind im Satan durchweg seltener gebraucht als im Beowulf, Exodus und Daniel. Keine Beispiele hat der Satan für die Typen 73. 76. 77. 84. 86—88. 90. Der sonst nicht ungewöhnliche Typus 80 *(fēond mancynnes)* fehlt wie im Exodus in der zweiten Halbzeile ganz, ebenso Typus 89 *(gūd-rinc monig)* in der ersten, während er in der zweiten Vershälfte etwas häufiger steht als im Beowulf. Etwas öfter als im Beowulf begegnen auch die sog. gesteigerten Typen 79 *(mǣre mearc-stapa)* und 82 *(sīde sǣ-nǣssas)*, die wegen der stärkeren Ausfüllung des Verseinganges auf die erste Halbzeile beschränkt sind; dagegen ist der gleichfalls „gesteigerte" Typus 85 *(hwetton hige-rōfne)* nur durch ein Beispiel vertreten.

Alliteration.

Die Zahl der Verse, welche in der ersten Halbzeile zwei Reimstäbe enthalten (335), bleibt im Satan hinter der Zahl der Verse mit einfacher Alliteration (394) noch etwas mehr zurück als im Daniel, während im Beowulf und Exodus beide Gruppen annähernd gleich waren. Den Grund hierfür bildet wohl das stärkere Ueberwiegen der A³-verse, bei denen Doppelalliteration ausgeschlossen ist. Das Verhältnis der doppelten zur einfachen Alliteration innerhalb der sechs Hauptschemata stellt sich im Satan folgendermassen dar:

	A	B	D²	E	C	D¹	Reste
Doppel-All.:	238	30	9	7	8	41	2
Einf. All.:	214	75	—	11	79	9	6

Interessant ist wiederum, es zu beobachten, welche Laute der Dichter mit Vorliebe als Träger der Alliteration verwendet:

	Vocale	b	c	d	f	g	h	l	m
Satan	165	35	13	49	48	34	111	20	40
Satan ⁰/₀₀	227	48	18	67	66	47	153	27	55
Beowulf	158	62	15	29	101	88	117	47	80
Exod. ⁰/₀₀	134	58	24	39	133	51	107	75	109
Dan. ⁰/₀₀	168	75	30	46	63	68	112	37	71

	h	r	s	sc	sp	st	t	þ	w
Satan	12	8	61	9	1	4	9	21	85
Satan %/oo	16	11	84	12	1	5	12	29	117
Beowulf	17	15	111	14	1	4	5	25	110
Exod. %/oo	14	20	85	5	3	5	10	12	116
Dan. %/oo	18	30	97	3	1	5	10	21	145

Am häufigsten ist also vocalische Alliteration, zu der fast ¼ der Verse des Gedichtes gehören, während im Beowulf und Daniel nur etwa ⅙, im Exodus sogar nur ⅛ der Verse vocalisch alliterieren. Demnächst ist h am meisten bevorzugt; auch d erscheint öfter als in den anderen Gedichten. Die im Exodus besonders beliebten Laute f, m, l werden im Satan noch seltener als im Daniel verwendet; w, das im Daniel stärker vertreten war, ist etwa ebenso häufig wie im Beowulf und Exodus.

Verfasserfrage.

Nachdem wir die für den Satan charakteristischen metrischen Merkmale hiermit festgestellt haben, wenden wir uns der Untersuchung der Composition dieses Gedichtes zu. Ten Brink hat in seiner Litteraturgeschichte (Bd. I, p. 109 ff.) die Ansicht geltend gemacht, dass der ags. Satan, wie er uns vorliegt, die Vereinigung von drei verschiedenen Gedichten zu einem schlecht passenden Ganzen bildet. Seinen Ausführungen gemäss reicht der erste Teil von V. 1—365, der zweite von V. 366—664 und der dritte von V. 665—733. Demgemäss hat Wülker in seiner Neubearbeitung von Greins Bibl. der ags. Poesie den Satan in drei selbständige Gedichte zerlegt: „Die Klagen der gefallenen Engel" (Bibl. II, 521—541), „Christi Höllenfahrt, Auferstehung, Himmelfahrt und Kommen zum jüngsten Gericht" (Bibl. II, 542—557) und „Versuchung Christi" (Bibl. II, 558—562). Die Annahme ten Brinks hat Kühn (Ueber die ags. Gedichte von Christ und Satan, Diss., Jena 1883) im einzelnen zu beweisen gesucht, während gegenüber der von Kühn unterstützten Ansicht ten Brinks Groschopp (Das ags. Gedicht Christ und Satan, Diss., Leipzig 1883) die Einheitlichkeit der uns vorliegenden Fassung des Satan betont. Er sieht in der jetzigen Gestalt die Ueberarbeitung und Vereinigung von Bruchstücken eines ursprünglichen Gedichtes durch dieselbe Hand. Diese Annahme Groschopps von der einheitlichen Composition des Satan wird durch eine nähere Betrachtung der Metrik des Gedichtes vollauf bestätigt.

Unsere metrische Untersuchung des Satan ergiebt für die Praxis dieses Gedichtes folgende hauptsächliche Abweichungen von dem Versbau des Beowulf, Exodus und Daniel: die A-verse, insbesondere die A^1- und A^3-verse, kommen in beiden Halbzeilen häufiger vor, während die die A^2-verse allerdings stark zurücktreten. Die B-verse, darunter namentlich der Typus 31 *(him on bearme læg)* sind gleichfalls merklich zahlreicher. Dagegen finden sich die anderen Grundformen durchgängig seltener.

Wenn wir nun den ersten Teil des Gedichtes, V. 1 bis 365, mit Satan A, den zweiten, V. 366—664, mit Satan B und den dritten Teil, V. 665—733, mit Satan C bezeichnen, so sind die beiden letzten Teile, Satan B, C (366 Verse) fast genau so lang als der erste Teil, Satan A (363 Verse); es müssen also, wenn das ganze Gedicht von demselben Verfasser herrühren soll, die metrischen Eigentümlichkeiten auch ziemlich gleichmässig in beiden Abschnitten wiederkehren.

Zunächst soll folgende Tabelle veranschaulichen, wie sich die Verse des Satan A im Vergleich zu denen des Satan B, C auf die sechs Grundformen verteilen:

Typus	Satan A 1—365		Satan B, C 366—733	
A	238	140	212	147
B	46	125	60	126
D^2	3	11	5	6
E	6	18	12	7
C	42	45	44	54
D^1	26	21	25	18
Reste	2	3	8	8

Diese Gegenüberstellung zeigt, dass die zur Grundform A gehörigen Verse des Satan sich in beiden Teilen gleich zahlreich finden, die B-verse ebenfalls im Satan A so oft wie im Satan B, C wiederkehren, und schliesslich auch die andern den Grundformen D^2, E, C, D^1 zukommenden Verse in beiden Abschnitten die dem Satan eigentümliche seltenere Verwendung aufweisen.

Die metrischen Gründe sprechen also mit Bestimmtheit für die Einheitlichkeit des Satan. Bestärkt werden wir in unserer Ansicht, wenn wir unter Hinweis auf die oben (p. 57 ff.) gegebene Einordnung sämtlicher Verse des Satan in Kaluzas Typensystem zu dem Vergleich der beiden Teile nun auch die feineren rhythmischen Eigenheiten des Satan heranziehen. So ist z. B. der Typus 1 *(lange hwīle)*, welcher im Unterschied zum Beowulf, Exodus und Daniel merklich selten in der ersten Halbzeile erscheint, in beiden Teilen des Gedichtes in gleichmässig geringer Anzahl anzutreffen. Satan A hat in der ersten Vershälfte 40, Satan B, C 35 Beispiele dieser Art, in der zweiten Halbzeile Satan A 67, Satan B, C 72. Auch die den Typus 2 *(folcum gefrǣge)* betreffende Eigentümlichkeit teilt der Satan A mit dem Satan B, C, denn in der zweiten Halbzeile findet er sich hier wie dort in gleicher Weise zahlreicher als in den drei anderen verglichenen Gedichten.

Ebenso ist das seltenere Vorkommen der A^2-verse (Satan A 14 + 4; Satan B, C 9 + 6) und die auffallend starke Bevorzugung der A^3-verse (Satan A 71; Satan B, C 77) beiden Teilen in gleichem Masse eigen. Dasselbe ist ferner der Fall bei der häufigsten Unterart der B-verse, Typus 31 *(him on bearme læg)*: Satan A 32 + 89; Satan B, C 42 + 90; er tritt in der zweiten Vershälfte im Satan fast doppelt so häufig auf als im Beowulf, Exodus und Daniel.

Bei der Vergleichung der Unterarten der übrigen Grundformen ist gleichfalls ein merklicher Unterschied nicht zu entdecken. Alle vorhin für den Satan als Ganzes festgestellten metrischen Eigentümlichkeiten gelten stets für die einzelnen Teile des Gedichtes in ungefähr gleichem Verhältnis. Erwähnenswert ist schliesslich noch, dass auch in der Wahl bestimmter Laute als Träger der Alliteration eine möglichst grosse Uebereinstimmung zwischen beiden Teilen herrscht, wie aus folgender Tabelle ersichtlich ist:

	Vocal	b	c	d	f	g	h	l	m
Satan A	87	18	6	24	24	15	54	12	16
Sat. B, C	78	17	7	25	24	19	57	8	24

	n	r	s	sc	sp	st	t	þ	w	Reste
Satan A	6	3	31	7	1	2	2	6	48	1
Satan B, C	6	5	30	2	—	2	7	15	37	3

Alle diese genauen Uebereinstimmungen in den metrischen Eigentümlichkeiten zwischen den einzelnen Teilen des Satan beweisen deutlich, dass die jetzige Gestalt des Gedichtes von derselben Hand herrührt. Ob nun, wie Groschopp meint, in dem überlieferten Text das Werk eines Restaurators zu sehen ist, welcher Bruchstücke eines älteren Gedichtes zu einem einheitlichen Ganzen verschmolzen hat, oder ob die jetzige Fassung auch die ursprüngliche Gestalt des Gedichtes repräsentiert, lässt sich durch metrische Gründe allein nicht entscheiden; doch scheint mir auf Seiten der letzteren Ansicht die grössere Wahrscheinlichkeit zu liegen.

Genesis A.

Während wir bei der Untersuchung des Exodus, Daniel und Satan zuerst eine Analyse der Metrik gaben und auf Grund der gewonnenen Resultate die Verfasserfrage zu lösen suchten, können wir bei der Erörterung der Genesis im Voraus den Abschnitt V. 235—851 (= Genesis B) wegen seiner fremdartigen Stellung allen anderen Gedichten gegenüber als Bruchstück eines besonderen, selbständigen Werkes ausscheiden. Nach Sievers' Untersuchung, Der Heliand und die ags. Genesis, Halle 1875, ist das in die Genesis eingeschobene Stück (der Fall der Engel und die Versuchungsgeschichte) kein ae. Originalwerk, sondern die Ueberarbeitung eines altsächsischen Gedichtes, das auf Grund auffälliger Uebereinstimmung des Wort- und Formelschatzes dem Verfasser des Heliand zuzuweisen sei. Was Hönncher, Studien zur ags. Genesis, Anglia VII, 469 ff., zur Widerlegung dieser Ansicht geltend gemacht hat, ist nicht beweiskräftig, denn auch die Metrik bestätigt einleuchtend die enge Verwandtschaft der Genesis B mit dem Heliand. Ueberdies ist inzwischen durch die von Zangemeister aufgefundenen und von Braune in den Neuen Heidelberger Jahrbüchern IV, 205 ff. veröffentlichten „Bruchstücke der altsächsischen Bibeldichtung aus der Bibliotheca Palatina", die u. a. auch das altsächsische Original zu V. 790—817 der Gen. B enthalten, Sievers' Vermutung zur unumstösslichen Gewissheit geworden.

Wir betrachten also im Folgenden zunächst nur die sog. Gen. A (V. 1—234. 852—2935), deren Verse sich folgendermassen auf die von Kaluza angesetzten 90 Typen verteilen:

Erste Halbzeile.

I. A. (×) | ×́×̀× ͵ ×́×̀×

Typus 1. Gen. 3. 4. 7. 12. 14. 17. 19. 34. 38. 41. 44*. 45*. 48. 58. 60. 62. 69. 72. 73. 74. 83. 94. 108. 119. 121. 122. 129. 136. 137. 138. 147. 148. 155*. 164. 166. 171. 185. 189. 212. 224. 225. 230. 905. 913*. 914. 942. 944. 951. 959. 976. 984. 988. 990. 993. 1008. 1012. 1014. 1015*. 1017*. 1018*. 1019*. 1030. 1033. 1049. 1059 (*ūrest ealra*). 1080. 1088. 1091. 1094. 1112 (*sealde selja*). 1113. 1116. 1117. 1136. 1144. 1164.

Zweite Halbzeile.

I. A. (×) | ×́×̀× | ×́×̀×

Typus 1. Gen. 2. 8. 11. 13. 15. 17. 26. 27. 30. 33. 38. 39. 40. 47. 59. 65. 67. 80. 87. 90. 92. 95. 98. 105. 112. 115. 126. 137. 140. 141. 142. 145. 146. 151. 153. 164. 167. 169. 170. 175. 186 (*Eue nemned*). 193. 196. 197. 206. 210. 214. 216. 217. 218. 223. 228. 234. 853. 854. 855. 858. 862. 864. 866. 867. 868. 880. 889. 891. 893. 894. 903. 904. 906 (*wērig* S.). 907. 913*. 922. 925. 927. 929. 936. 941. 946.

1168. 1170. 1171. 1175. 1176. 1197.
1198*. 1203. 1205. 1206. 1216. 1223.
1233. 1235. 1239. 1242. 1244. 1247.
1250. 1265. 1268. 1276. 1282. 1295.
1313. 1314. 1319. 1346. 1360. 1362.
1365. 1366. 1367. 1371. 1373. 1375.
1379. 1385. 1391.· 1396 1399. 1406.
1408. 1424. 1426. 1430. 1443. 1448.
1454. 1467. 1474. 1478. 1480. 1491.
1495. 1503. 1504. 1509. 1511. 1522.
1536. 1541. 1552. 1578. 1583. 1594.
1603. 1620. 1621. 1625. 1628. 1629.
1642. 1646. 1651. 1656. 1658. 1665.
1676. 1682. 1689. 1690. 1718. 1723.
1726 1729. 1749. 1750. 1752. 1756.
1758. 1761. 1763. 1771. 1782. 1788.
1790. 1793. 1794. 1807. 1812. 1822.
1833. 1834. 1836. 1837. 1841. 1843.
1849. 1851. 1859. 1875 (*hie* ist zu streichen). 1886. 1888. 1893. 1894.
1910. 1913. 1915 1916. 1924. 1945.
1948. 1962. 1969. 1974. 1975. 1976.
1978. 1980 1989. 1993. 2004. 2006.
2009. 2014. 2020. 2023. 2025. 2029
2036. 2037. 2046*. 2051. 2054. 2058.
2075. 2080. 2081. 2085 2101. 2115
2118. 2124. 2133. 2142. 2144. 2148.
2149 (*hūde līrdan*). 2156. 2167*.
2168*. 2169*. 2171. 2173 *. 2177.
2184ᵃ. 2187. 2188. 2190. 2198. 2201
(*ïeowra*). 2206. 2213. 2222. 2252.
2253. 2257. 2266. 2267. 2268. 2270.
2285. 2289. 2290. 2293. 2303. 2306.
2307. 2312. 2319. 2326*. 2327*.
2331. 2346. 2347. 2352. 2360. 2362.
2365. 2366. 2368. 2372. 2374. 2375.
2389. 2400. 2404*. 2409*. 2410*.
2419. 2424. 2427. 2437. 2448. 2453.
2465. 2472. 2484. 2485. 2489. 2490.
2492. 2495. 2502. 2518 2527. 2536.
2544. 2545. 2548. 2551. 2567. 2571.
2578. 2581. 2582. 2585. 2587. 2605.
2610. 2611. 2624. 2632. 2633. 2640.

947. 951. 952. 956. 957. 960. 967.
970. 972. 977. 986. 990. 991. 996.
1001. 1002. 1003. 1004. 1010. 1015*.
1018*. 1019*. 1023. 1025. 1027.
1035. 1036. 1037. 1040. 1044. 1046.
1052. 1054. 1057. 1060. 1061. 1064.
1067. 1069. 1070. 1072. 1076. 1079.
1083. 1085. 1089. 1090. 1093. 1095.
1097. 1102. 1105. 1112. 1118. 1120.
1122. 1124. 1130. 1133. 1135. 1138.
1140. 1142. 1145. 1149. 1152. 1156.
1157. 1159. 1172. 1174. 1177. 1179.
1180. 1188. 1191. 1195. 1196. 1200.
1201. 1204. 1211. 1213. 1214. 1217.
1218. 1219. 1225. 1226. 1228. 1229.
1231. 1237. 1241 (*Chaam*). 1242.
1249. 1251. 1253. 1259. 1266. 1267.
1269. 1270. 1272. 1284. 1287. 1288.
1291. 1292 1297. 1301. 1305. 1317.
1322. 1326. 1327. 1328. 1333. 1337.
1338 (*twēgen* S.). 1339. 1342. 1344.
1349. 1350. 1354. 1357. 1364. 1366.
1367. 1371. 1374. 1378. 1387 (*hēahe*).
1390. 1392. 1395. 1402. 1411. 1420.
1427. 1430. 1434. 1435. 1440. 1441.
1445. 1448. 1449. 1450. 1451. 1455.
1461. 1462. 1463. 1466. 1469. 1470.
1472. 1477. 1483. 1484. 1492. 1496.
1499. 1500. 1507. 1512. 1513. 1519.
1520 (*sāwol-drēore*). 1522*. 1525.
1531. 1532. 1533. 1534. 1545. 1549.
1550. 1554. 1555. 1557. 1559. 1560.
1561. 1563. 1568. 1569. 1575. 1576.
1591. 1597. 1598. 1599. 1600. 1605.
1607. 1609. 1610. 1611. 1615. 1617.
1619. 1624. 1631. 1639. 1643. 1645.
1648. 1649. 1652. 1656. 1657. 1659.
1669. 1671. 1674. 1675. 1677. 1687.
1696. 1705. 1709. 1712. 1716. 1718.
1720. 1725. 1732. 1740. 1745. 1751.
1753. 1757. 1765. 1767. 1768. 1774.
1776. 1783. 1785. 1788. 1794. 1799.
1805. 1811. 1818. 1823. 1824. 1825.

2641. 2645. 2647 (*sylfum sēced* Gr.).
2650. 2651. 2660. 2675. 2683. 2711.
2714. 2715. 2724. 2732. 2735. 2746.
2851. 2761. 2768. 2784. 2786. 2798.
2799. 2802. 2814. 2818. 2827. 2832.
2848. 2850. 2854* (*hēahan*). 2855*.
2856*. 2857*. 2865*. 2866*. 2867*.
2880. 2903. 2904. 2906. 2907. 2909.
2910. 2913. 2915. 2920. 2925. 2930.
2935.

Typus 2. Gen. 18. 32. 76. 86.
160. 165. 177. 187. 208. 215. 223.
857. 861. 889. 895. 911. 921. 930.
932. 934. 938. 940. 963. 983. 995.
1041. 1185. 1257. 1286. 1294. 1304.
1329. 1336. 1428. 1492. 1523*. 1542.
1587. 1660. 1671. 1693. 1734. 1775.
1780. 1789 (*gewlōhe* S.). 1838. 1899.
1936. 1995. 2001. 2040 (*onfōhan*).
2082. 2113. 2195. 2224. 2258 (*ā-tēohan*). 2308. 2334. 2364. 2425.
2430. 2488. 2506. 2514. 2522. 2555.
2665. 2681. 2762. 2864.

Typus 3. Gen. 21. 52. 56. 80.
81. 157. 172. 219. 231. 870. 931.
953. 967. 981. 982. 1048. 1076. 1077.
1092. 1096. 1105. 1109. 1119. 1121.
1123. 1124. 1150. 1172. 1207. 1234.
1264. 1290. 1315. 1322. 1323. 1348.
1353. 1389. 1397. 1459. 1463. 1486.
1487. 1532. 1533. 1535. 1570. 1584.
1592. 1616. 1635. 1655. 1688. 1710.
1731. 1747. 1772. 1802. 1815. 1845.
1862. 1900. 1919. 1926. 1930. 1952.
1972. 2008. 2010. 2027. 2038. 2062.
2074. 2137. 2138. 2147. 2151. 2175
(*frēora tō frōfre*). 2246. 2262. 2276.
2277. 2281. 2309. 2315. 2350. 2447.
2452. 2496. 2505. 2516. 2519. 2569.
2625 (*wiste hē gearwe*). 2638. 2757.
2763. 2766. 2772. 2781. 2791. 2805.
2824. 2860. 2872.

Typus 4. Gen. 20. 52. 143.

1826. 1830. 1835. 1839. 1842. 1846.
1847. 1848. 1850. 1853. 1854. 1855.
1857. 1863. 1864. 1868. 1869. 1873.
1874. 1875. 1877. 1878. 1883. 1885.
1895. 1902. 1907. 1914. 1917. 1921.
1926. 1929. 1931. 1932. 1933. 1934.
1935. 1940. 1945. 1954. 1958. 1960.
1963. 1965. 1971. 1972. 1977. 1980.
1984. 1986. 1991. 1997. 2000. 2004.
2011. 2017. 2024. 2027. 2034. 2035.
2041. 2042. 2044. 2049. 2053. 2056
2058. (*fade* Schub.) 2059. 2064.
2065. 2066. 2069. 2073. 2080. 2081.
2086. 2088. 2089. 2091. (*nēahor*).
2093. 2099. 2101. 2102. 2104. 2110.
2112. 2117. 2119. 2122. 2126. 2127.
2129. 2135. 2139. 2141 (*āgend-frēga*).
2159. 2164. 2165. 2174. 2176. 2182.
2184a. 2186. 2191. 2192. 2193. 2197.
2203. 2204. 2207. 2208 (*Nīlus scēaded*). 2209. 2210. 2218. 2219.
2220. 2221. 2223. 2230. 2232. 2234.
2236. 2237 (*āgend-frēgan*). 2241.
2242. 2243. 2247. 2251. 2255. 2275.
2279. 2286. 2294. 2296. 2298. 2201.
2320. 2327*. 2328. 2329. 2334. 2335.
2336. 2341. 2342. 2343. 2346. 2348.
2350. 2356. 2361. 2363. 2376. 2378.
2379. 2380. 2385. 2392. 2393. 2396.
2397. 2398. 2399. 2402. 2404*. 2407.
2408. 2412. 2416. 2417. 2419. 2423.
2425. 2428. 2430. 2436. 2443. 2450.
2454. 2456. 2457. 2458. 2467. 2470.
2478. 2481. 2483. 2495. 2505. 2513.
2515. 2520. 2521. 2523. 2539. 2540.
2543. 2552. 2553. 2558. 2564. 2565.
2568. 2570. 2573. 2574. 2594. 2606.
2609. 2613. 2616. 2617. 2619. 2620.
2621. 2622. 2623. 2626. 2627. 2629.
2634. 2642. 2643. 2648. 2652. 2654.
2656. 2664. 2667. 2670. 2672. 2673.
2676. 2677. 2679. 2681. 2682. 2689.
2702. 2703. 2704. 2706. 2708. 2712.

196. 199. 860. 875. 894. 961. 972.
1032. 1035. 1043. 1047 (nēahun).
1129. 1231. 1243. 1305. 1344. 1418.
1438. 1512. 1612. 1764. 1890. 1950.
1958. 1982. 2049. 2067. 2154. 2202.
2282. 2304. 2401. 2403. 2413. 2441.
2468. 2604. 2606. 2812.
Typus 5. Gen. 6. 25. 46*. 54.
70. 71. 93. 101. 104. 114. 117. 162.
174. 183. 966. 1073. 1075. 1177.
1280. 1289. 1309 1403. 1458. 1508.
1514. 1524 (mōd-geþance). 1539.
1626. 1666. 1667. 1725. 1828. 1901.
1981. 1988. 1999. 2003. 2048. 2134.
2181. 2183. 2316. 2325. 2339. 2371.
2394. 2395. 2509. 2524. 2532. 2572.
2607. 2644. 2646. 2717. 2790. (aldr).
2797. 2837. 2843. 2858*. 2876.
2924.
Typus 6. Gen. 31. 36. 63. 75.
84. 97. 110. 128. 132. 142 (dǣdon
S.). 149. 152. 163. 178. 181. 190.
191. 195. 198. 214. 878. 888. 902.
909. 950. 954. 962 969. 971. 980
1003. 1013. 1026. 1027. 1031. 1062.
1068. 1133. 1153. 1157. 1174. 1182.
1229. 1240. 1245. 1299. 1370. 1372.
1381. 1394. 1422. 1453. 1460. 1488.
1520. 1528. 1558. 1565. 1574. 1575.
(ūssum ist zu streichen). 1588.
1593. 1596. 1606. 1608. 1617. 1619.
1622. 1623. 1650. 1672. 1678. 1721.
1738. 1776. *1813. 1832. 1876. 1879.
1882. 1941 (fācn). 1949. 1956. 1964.
1985. 1992. 2012. 2033. 2061. 2070.
2072. 2086. 2087. 2130. 2131. 2143.
2196. 2261. 2274. 2323. 2332. 2337.
2340. 2373. 2416. 2420. 2438. 2450.
2455. 2461. 2471. 2507. 2535. 2537.
2541. 2542. 2552. 2562. 2583. 2588.
2688. 2722. 2737. 2745. 2754. 2756.
2764. 2782. 2794. 2800. 2801. 2804.
2921.

2713. 2716. 2726. 2727. 2728. 2730.
2731. 2733. 2747. 2750. 2755. 2762.
2765. 2766. 2770. 2771*. 2772 2776.
2788. 2795. 2801. 2807. 2808. 2812.
2813. 2816. 2817. 2821. 2822. 2826.
2828. 2829. 2830. 2833. 2835. 2844.
2847 (hēahe) 2849. 2853. 2857*.
2862. 2865*. 2866*. 2867*. 2868*.
2870. 2877 (hēahe). 2778. 2880
(restad incit). 2882. 2888. 2891.
2894. 2896. 2898 (hēahan). 2900.
2901. 2906. 2908. 2912. 2923. 2927.
2928. 2932.
Typus 2 Gen. 42. 50. 63. 91.
171. 185*. 209. 859. 888. 900. 948.
953. (of-tēohan). 959. 994. 1029.
1091. 1094. 1137. 1162. 1173. 1208.
1248. 1283. 1293 1311. 1312. 1340.
1355 1425. 1439. 1481. 1502. 1521.
1527. 1613. 1614. 1681. 1683. 1684.
1693. 1706. 1714. 1759 (onfōhad).
1766. 1795. 1798. 1804. 1807. 1814.
1831. 1865. 1887. 1897. 1925. 1943.
1968. 1998. 2002. 2010 2021. 2078.
2087. 2095. 2124. 2137. 2144. 2152.
2157. 2160. 2163. 2200. 2212. 2228.
2272. 2297. 2366. 2372. 2382. 2431.
2463. 2479. 2486. 2489. 2561. 2603.
2615. 2637 2680 2684. 2697. 2701.
2811. 2918 (onfōhan).
Typus 3. Gen. 10 (sīde and
wīde). 18. 37. 66. 72. 118 225
(nēahun). 945. 978. 992. 1160. 1252.
1271. 1275. 1298. 1351. 1405 (ēacne
and wonne Holth.). 1457. 1530
1544. 1580. 1655. 1769. 1889. 1916.
1937. 1957. 1966. 1988. 2028. 2239.
2249. 2263. 2321. 2415. 2459. 2497.
2534. 2547. 2556. 2753. 2796.
2819.
Typus 4. Gen. 20. 55. 116
(gȳta). 914. 1587. 1908. 1982. 2133.
2628 (bringan tō him selfum Holth.).

Typus 7. Gen. 144. 161. 912.
916. 1054. 1070. 1101. 1387. 1398.
1414. 1521. 1595. 1801. 2092. 2355.
2418. 2445. 2487. 2500. 2671. 2874.
2886. 2926.
Typus 8. Gen. 23. 920. 1131.
1138. 1259. 1732. 1867. 2107. 2432.
2457. 2655. 2905. 2922.
Typus 9. Gen. 65. 886. 919.
1501. 1746. 2007. 2391. 2429. 2553.
2560. 2568. 2659. 2859. 2897.
Typus 10. Gen. 939. 1087.
1702. 2210. 2806. 2931.
Typus 11. Gen. 188. 869 (sceome ist zu streichen). 1051. 1056. 1066.
1194. 1202. 1238. 1256. 1273. 1498.
1510. 1600. 1647. 1695. 1703. 1786.
1791. 1806. 1870. 2030. 2083. 2238.
2240. 2244. 2280. 2313. 2595. 2596.
2705. 2841.
Typus 12. Gen. 184 884. 998.
1097. 1821.
Typus 13. Gen. 900. 1108. 1287.
1713. 1770. 1942. 2217. 2662. 2836.
Typus 14. Gen. 1225. 1261.
1415. 1662. 1905. 1937. 2098. 2100.
2103. 2212 (stān-byrg). 2301. 2479.
2785. 2482. 2699.
Typus 14ª. Gen. 1705.
Typus 15. Gen. 106. 1011. 1147.
1208. 1340. 1412. 1722. 1953. 2501
(lēod-byrg). 2773.
Typus 16. Gen. 28. 29. 33.
209. 226. 229. 974. 1103. 1141.
1180. 1192. 1196. 1358. 1431. 1494.
1741. 1773. 2263. 2264. 2414 (tācn).
2415. 2451. 2793.
Typus 17. Gen. 89. 873. 1178.
1184. 1227. 1230. 1442. 1538. 1777.
2299.
Typus 18. Gen. 146 (heofontimbr). 1189. 1700.
Typus 20. Gen. 9. 899. 1120.

Typus 5. Gen. 4. 45*. 53. 64
(wuldr-gestealdum). 85. 94. 130. 158.
863. 883. 971. 999. 1039. 1074. 1080.
1086. 1132. 1148. 1193. 1220. 1277.
1296. 1353. 1415. 1416. 1485. 1518.
1537. 1585. 1604. 1621. 1636 1641.
1654. 1685. 1698. 1707. 1719. 1737.
1739. 1792. 1797. 1871. 1938 (onjōhan). 1961. 2026. 2031 2068. 2146.
2147. 2167*. 2168*. 2216. 2267. 2277.
2291. 2322. 2355. 2359. 2388. 2406.
2426. 2587. 2662. 2687. 2696. 2743.
2842. 2854*. 2855*. 2858*.
Typus 6. Gen. 61. 78. 113. 127.
129. 179. 189. 194. 924. 958. 989.
1006. 1082. 1098 (wāt ic gearwe).
1101. 1108. 1139. 1167. 1221. 1377.
1383. 1394. 1444. 1473. 1511. 1551.
(Chaam). 1590. 1632. 1640. 1686.
1711. 1729. 1764. 1860. 1955. 1979.
2071. 2090. 2132. 2170. 2184b. 2214.
2260. 2273. 2349. 2421. 2491. 2599.
2605. 2639. 2852. 2902. 2911. 2914.
Typus 7. Gen. 109. 915. 1276.
1896. 1936. 2492. 2581. 2740.
Typus 8. Gen. 83. 123. 150.
987. 1050. 1166. 1255. 1400. 1670.
2227. 2311. 2383. 2669.
Typus 9. Gen. 869. 1153. 1313.
1376. 1635. 2061. 2293. 2323. 2546.
Typus 10. Gen. 1332. 1748.
2225. 2465.
Typus 11. Gen. 117. 173. 968.
1065. 1123. 1125. 1190. 1223. 1316
(ȳd-hof wyrcan Gr.). 1341. 1368. 1539.
1558. 1618. 1628. 1694. 1882. 1995.
2287. 2310. 2466. 2761 (word·bēot hæfde Schnb.). 2889.
Typus 12. Gen. 2512 (aldr-nere).
Typus 14. Gen. 1163. 1318.
2614. 2779. 2825. 2834.
Typus 14ª. Gen. 208. 1129. 1489.
1629 (yrfe-stōl hēold). 2518. 2804.

Typus 21. Gen. 228. 880. 1263.
1411. 1490. 1602. 1637. 2186. 2554.
2601 (*hwonne him fæmnan*). 2708.
2712. 2738. 2775.
Typus 22. Gen. 47. 82. 99.
102. 169. 221 (*ānne* ist zu streichen).
233. 1028. 1042. 1082. 1255. 1325.
1337. 1339. 1433. 1518. 1691. 1943.
2015. 2043. 2095. 2150. 2152. 2298.
2378. 2393. 2398. 2499. 2550. 2573.
2616. 2676. 2695. 2718. 2833. 2853.
2934 (*and ealra þāra sālda* Gr.).
Typus 23. Gen. 217. 852. 1061.
1065. 1107. 1212. 1271. 1640. 1754.
2108. 2126. 2140. 2146. 2226. 2229.
2254. 2271. 2283. 2302. 2351. 2469.
2570. 2622. 2642. 2759. 2839. 2845.
2862.
Typus 24. Gen. 1211. 1644.
2034 (*æt þāre sprāce*). 2141. 2384.
2464. 2466. 2639. 2670. 2723. 2742.
2899 (*on þāre stōwe* Gr.).
Typus 25. Gen. 1562. 1687.
1902. 1973. 2127. 2139. 2219. 2245.
2385. 2454. 2476 (*þincd*). 2744.
2796. 2885. 2893.
Typus 26. Gen. 26. 53. 858.
1159. 1173 (*wæs on his mægde*).
1213. 1272. 1279. 1328. 1369. 1429.
1457. 1543. 1568. 1571. 1649. 1673.
1716. 1787. 1856. 1883. 1944. 1979.
2028. 2102. 2116. 2199. 2228. 2278.
2397. 2412. 2458. 2474. 2512. 2521.
2663. 2691. 2749. 2823. 2890.
Typus 27. Gen. 10. 77. 154.
159. 218. 936. 964. 1037. 1058. 1296.
1343. 1345. 1359. 1409. 1444. 1469.
1500. 1567. 1652. 1663. 1668. 1686.
1730. 1892. 1904. 1912. 1939. 1940.
2153. 2161. 2184[b]. 2406 (*byrige*). 2436.
2462. 2477. 2503. 2526. 2594. 2620.
2678. 2710. 2881. (*hēr on þissum wīcum*). 2884.

Typus 15. Gen. 2253.
Typus 16. Gen. 1154. 1169.
1215. 1650.
Typus 20. Gen. 1417.
Typus 29. Gen. 1888. 2846.

II[a]. B. (×) ×(×) | ×× × × | ×.
Typus 31. Gen. 1. 3. 6. 23. 29.
31. 34. 48 (*magon*). 49. 54. 60. 68.
70. 86. 97. 101. 104. 106. 114. 119.
124. 134. 139. 143. 144. 147. 149.
152. 162. 163. 166. 178. 180. 183.
187. 190. 195. 201. 205. 207. 214.
222. 224. 227. 860. 861. 873. 879.
892 (*and on tēonan mē* S.). 902. 905.
912. 917. 919. 932. 934. 937. 938.
944. 950. 969. 973. 975. 997. 998.
1000. 1007. 1013. 1020. 1026.
1032. 1034. 1043. 1045. 1075. 1077.
1087. 1104. 1107. 1109. 1111 (*mē ēce sunu*). 1113 1136. 1144. 1146.
1147. 1150. 1175. 1197. (*āhōf ealdordōm*). 1198. 1202. 1205. 1235. 1244.
1245. 1254. 1257. 1261. 1278. 1280.
1281. 1294. 1295. 1303. 1304. 1314.
1319. 1324. 1330. 1334. 1346. 1356.
1372. 1389. 1396. 1398. 1399. 1401
(*hēahan*). 1403. 1404. 1418. 1424.
1426. 1428. 1429. 1433. 1442. 1452.
1456. 1460. 1465. 1467. 1468. 1471.
1476. 1488. 1495. 1508. 1510 1514.
1517. 1524. 1535 1536. 1538. 1541.
1553. 1562 1564. 1572. 1574. 1578.
1581. 1586. 1592. 1593. 1606. 1608.
1625. 1627. 1638 (*wide* S.). 1646.
1651. 1663 1666. 1678. 1690. 1697.
1699. 1700. 1701. 1710. 1717. 1722.
1723. 1726. 1727. 1730. 1738. 1749.
1752. 1755. 1770. 1782. 1786. 1796.
1800. 1806. 1812. 1821 (*hēahe*). 1828.
1829. 1832. 1836. 1837. 1841. 1859.
1884. 1893. 1900. 1903. 1910. 1911.
1915. 1922. 1924. 1927. 1928. 1941.

Typus 28. Gen. 176. 1158. 1217. 1349. 1449. 1466. 2193. 2344. 2517. 2728. 2821.

IIa. B. (×) × (×) ׂ×× × (×) ×́.

Typus 31. Gen. 16. 22. 24. 35. 39. 98. 123. 130. 140. 167. 170. 179. 186. 194. 202. ¡207. 211. 213. 853. 854. 864. 872. 882. 887. 903. 906. 918. 933. 941. 948. 955. 977. 986. 1002. 1010. 1022 (*him þā ǣdre Cain*). 1040. 1083. 1084. 1090. 1102. 1118. 1122. 1128. 1135. 1137. 1140. 1143. 1149. 1161. 1165. 1166. 1167. 1179. 1186. 1188. 1190. 1195. 1200. 1251. 1260. 1285 (*wæs Nōē gōd*). 1320. 1327. 1330. 1333. 1354. 1357. 1377. 1382. 1388. 1392. 1393. 1400. 1402. 1407. 1435. 1440. 1455. 1456. 1462. 1464. 1472. 1481. 1483. 1485. 1489 (*hēahan*). 1493. 1499. 1515 (*ond holmes hlæst* S.). 1516. 1526. 1531. 1537. 1545. 1546. 1554. 1557. 1563. 1569. 1572. 1577. 1580. 1591. 1613. 1615. 1664. 1675. 1681. 1684. 1696. 1697. 1719. 1724. 1735. 1742. 1744. 1774. 1783. 1795. 1830. 1844. 1848. 1857. 1864. 1865. 1877. 1885. 1895· 1907. 1918. 1922. 1935. 1957. 1971. 2013. 2016. 2019. 2031. 2032. 2039. 2065. 2119. 2129. 2132. 2176. 2185. 2197. 2208 (*swā mid niddas twā*). 2209 (*wendel-sā* Thorpe). 2223. 2232. 2247. 2269. 2286. 2300. 2321. 2338. 2353. 2370. 2382. 2392. 2396. 2399. 2405*. 2428. 2435. 2439 (*þā tō fōtum feoll* Gr.). 2440. 2456 (*hēahan*). 2481. 2504. 2511. 2520. 2523. 2538. 2546. 2549. 2558. 2576. 2589. 2598 (*hīe dǣdon swā*). 2599. 2600. 2608. 2613 (*hire āgen bearn*). 2623. 2626. 2627. 2628 (*hēht beornes wīf* Holth.). 2631. 2634. 2643. 2652. 2661. 2672.

1952. 1962. 1964. 1975. 1976. 1983. 1996. 2005. 2014. 2016. 2023. 2033. 2040. 2045. 2057 (*cwæd þæt sē hālga him*). 2070. 2075. 2079 (*stīde*). 2083. 2097. 2100. 2103. 2108. 2111. 2118. 2125. 2128. 2140. 2148 (*ac þū selfa mōst*). 2154. 2177. 2181. 2183. 2187. 2190. 2198. 2199. 2202. 2224 2244. 2248. 2250 2256. 2257. 2266. 2268. 2270. 2274. 2280. 2282 2284. 2289. 2292. 2300. 2303 2306. 2307. 2308. 2313. 2314. 2315. 2330 (*onfōhan*). 2357. 2360. 2362 (*gēna*). 2365. 2371. 2377. 2381. 2387. 2391. 2400. 2420. 2424. 2429. 2432. 2437. 2439 (*on foldan Loth* Gr.). 2440. 2441. 2445. 2448. 2451. 2455. 2461. 2468. 2474. 2484. 2485. 2496. 2498 2501. 2508. 2509. 2522. 2529. 2531. 2535. 2538. 2541. 2551. 2554. 2566. 2571. 2572. 2576. 2577. 2595. 2597. 2600. 2604. 2610. 2612 (*þæt sēo gingre ides* Schub. Holth.). 2624. 2631. 2633. 2636. 2638. 2645. 2647. 2655. 2658. 2660. 2666. 2688. 2695. 2699. 2700. 2705. 2707. 2709. 2711. 2720. 2723. 2724. 2732 (*ne ceara duguða inc* S.). 2734. 2735. 2738. 2744. 2751. 2754. 2758. 2767. 2774. 2775. 2780. 2782. 2786. 2789 (*þonne of lice þū*). 2805. 2810. 2814. 2815. 2818. 2824. 2832. 2848. 2850. 2851. 2856. 2861. 2864. 2874. 2876. 2884. 2893. 2899. 2907. 2913. 2915. 2916 2919. 2920. 2921. 2930. 2933.

Typus 32. Gen. 56. 93. 107. 125. 148. 161. 177. 199. 219. 865. 881. 1017*. 1056 (*siddan furdum ongon* Gr.). 1078. 1115. 1131. 1143. 1170. 1236. 1238. 1309. 1409. 1421. 1498. 1567. 1588. 1589. 1861. 1890· 1898. 1904 2019. 2046. 2149. 2162. 2189 (*and hādre gerīm* Schub.). 2240.

2677. 2682. 2692. 2693 (*baldr*). 2700.
2702. 2704. 2707. 2713. 2725. 2733.
2741. 2788. 2789. 2792. 2807. 2819.
2820. 2844. 2851. 2869. 2870. 2878.
2879. 2911. 2917.
Typus 32. Gen. 112. 182. 862.
885. 897. 922. 945. 1036. 1085. 1093.
1297. 1335. 1356. 1374 (*gehwām* S.).
1450. 1471. 1497 1555. 1576. 1677.
1767. 1779. 1818 (*sē was drihtne gecoren*; vgl. Dan. 150. 737). 1960.
2045. 2060. 2099 (*sē was eorlum bedroren*). 2109. 2170. 2294. 2345.
2386. 2540. 2574. 2579. 2898. 2914.
2929.
Typus 33. Gen. 883. 965. 2256.
Typus 34. Gen. 49. 111. 135.
1114. 1127. 1130. 1142. 1210. 1228.
1307. 1363. 1420. 1447. 1544. 1553
(*eal folc geludon*). 1920. 1927. 1959
(*aldr-gedāl*). 1987. 2111. 2121. 2235.
2242. 2380. 2755. 2774. 2777.
Typus 35. Gen.. 78. 103. 105.
867. 876. 923. 1298. 1506. 2174.
2251. 2657. 2684. 2889.
Typus 36. Gen. 1029. 1401.
2811.
Typus 37. Gen. 1126. 1162.
1183. 1193. 1224. 1232 (*and fīf-hund ēac*). 1318. 1601 (*and fīftig ēac*). 1819. 2024. 2042.
Typus 38. Gen. 30.

II^b. D^2. (×) $\underline{××}$ | $\underline{××}$ (×̇) × | ×̇

Typus 41. Gen. 40. 1404. 1417.
1559. 1609. 1618. 1711. 1800. 1991.
2155. 2341. 2666. 2888.
Typus 42. Gen. 896. 908. 1748.
1931. 1968. 2296. 2311. 2875. 2908.
Typus 43. Gen. 915. 1005.
1034. 1050. 1191. 1383. 1896. 1994.
2122. 2434. 2531.
Typus 44. Gen. 139.

2295. 2305. 2317. 2337. 2368. 2390.
2482. 2582. 2588. 2665. 2668 (*sē was egesan gebrēad*). 2802. 2845.
2859. 2887. 2897. 2904. 2909. 2910.
2925.
Typus 33. Gen. 155. 212. 874.
886. 1565. 1819. 2156. 2312. 2646.
2650. 2675.
Typus 34. Gen. 28. 58. 62. 108.
110. 202. 974. 984. 1030. 1049. 1051.
1068. 1071 (*aldr-gedāl*). 1110. 1117.
1141. 1164. 1178. 1186. 1192. 1194.
1212. 1216. 1227. 1360. 1362. 1369.
1388. 1391. 1446 (*efl him sēo wēn geleah*). 1478. 1479. 1494. 1516. 1566.
1601. 1622. 1623 (*gescēod*). 1626.
1695. 1703. 1742. 1750. 1771. 1793.
1808. 1866. 1879. 1906. 1919. 1930.
2008. 2262. 2265. 2309. 2324 (*tācn*).
2374. 2394. 2447. 2460. 2544. 2560.
2562. 2567. 2575. 2579. 2591. 2641.
2653. 2717. 2718. 2722. 2739. 2745.
2748. 2760. 2777. 2800. 2843. 2869.
2892. 2903. 2924. 2926. 2929.
Typus 35. Gen. 12. 21. 138.
901. 916. 1012. 1482. 1994. 2037.
2180. 2245. 2389. 2473. 2569. 2698.
2746 (*þēos* S.). 2823. 2934.
Typus 36. Gen. 2480.
Typus 37. Gen. 84. 895. 963.
1053. 1308 (*ond þrēo-hund long* S.).
1490. 1849 (*him driht-licu mǣg*).
1856. 2020. 2072. 2175. 2285. 2302.
2585. 2781.
Typus 38. Gen. 2798.

IV^b. D^2. (×) $\underline{××}$ | $\underline{××}$ ×̇ (×) | ×̇

Typus 41. Gen. 76. 79. 157.
993. 1084. 1119. 1230. 1386. 2304.
2517. 2527.
Typus 42. Gen. 121. 136. 1224.
1379. 1381. 2794.
Typus 45. Gen. 976.

Typus 45ª. Gen. 1281. 2249.
Typus 46. Gen. 2771.
Typus 47. Gen. 1421. 1611. 2887.
Typus 48. Gen. 1405. 2056. 2561.
Typus 49. Gen. 1038. 1715. 1778. 1817. 1891. 2750. 2769 (*wuldrtorht*).

III. E. (×) | ×́× × ×́ (×) | ×́
Typus 51. Gen. 180. 1163. 1218. 1413. 1476 (*earfōda bōt;* vgl. Gen. 180). 1733. 1805. 1814. 1946. 1951. 2163. 2172. 2273. 2336. 2354 (*Sarrai*). 2357. 2690.
Typus 52. Gen. 890. 956. 1081. 2230. 2407. 2556. 2557 (*swōgende lēg* Schub.). 2669. 2719. 2932.
Typus 53. Gen. 1278. 1654. 1698. 1737. 1858. 2002. 2091. 2093. 2145. 2443. 2619. 2656.
Typus 54. Gen. 968. 1708.
Typus 55. Gen. 27 (*wuldrfæstan*). 37. 68. 87 (*wuldr-spēdum*). 95. 124. 204. 216. 868 (*līf-frēga*). 928. 946. 949. 975. 996. 1007. 1009. 1039. 1052. 1252. 1308. 1334. 1378. 1475. 1561. 1582. 1614. 1627. 1630. 1638. 1743. 1757. 1769. 1803. 1823. 1855. 1887. 1897. 1977. 1990. 1996. 2017. 2047 (*mōd-rōfe men* Gr.). 2053. 2090. 2104. 2112. 2158. 2160. 2191 (*wuldr-fæstne*). 2194. 2255. 2329. 2348. 2387 (*hleahtr*). 2402. 2470. 2475. 2491. 2584. 2593. 2597. 2612. 2615. 2618. 2685. 2694. 2740. 2810. 2895. 2919.
Typus 56. Gen. 66. 120. 1045. 1053. 1139. 1220. 1321. 1364. 1473. 1484. 1923. 2073. 2408.
Typus 57. Gen. 1727.
Typus 58. Gen. 1071.

Typus 46. Gen. 46*. 184. 1419. 1528. 2085. 2548.
Typus 47. Gen. 1189. 2067. 2299. 2438.
Typus 49. Gen. 983. 1073. 1412. 1437. 1529. 1634. 1735. 1747. 2094. 2281. 2752.
Typus 50. Gen. 980. 2931.

III. E. (×) | ×́× × ×́ (×) | ×́
Typus 51. Gen. 1668. 2012. 2022. 2096. 2259. 2283. 2410*. 2516 2533. 2763. 2778.
Typus 52. Gen. 89. 182. 191. 918. 981. 1285. 1447. 1497. 1660. 1662. 1676. 1762. 1852. 2062. 2120. 2542. 2596. 2661. 2838.
Typus 53. Gen. 1066 (*Malalēhel wæs*). 1161. 1970. 2131. 2169*. 2663. 2721.
Typus 54. Gen. 2226.
Typus 55. Gen. 9. 44*. 132. 226. 884. 887. 961. 985. 1011. 1016*. 1092. 1168. 1176. 1183. 1307. 1331. 1385. 1397. 1422. 1509. 1595. 1637. 1801. 1802. 1810. 1862. 1939. 1947. 1959. 1992. 2138. 2173*. 2213. 2345. 2405*. 2409*. 2464. 2549. 2550. 2578. 2693. 2756. 2757.
Typus 56. Gen. 1021. 1343. 1363. 1380. 1486. 1633. 1704. 1744. 2015. 2051. 2238. 2261. 2333. 2449.
Typus 57. Gen. 232.
Typus 58. Gen 2462.
Typus 59. Gen. 1523*. 2715.

IVª. C. (×) ×́ (×) | ×́× × ×́ |
Typus 61. Gen. 35. 176. 1365. 1504 (*Nōē*). 1702. 1736 (*Carrāan*). 1758. 1772. 1775. 1858. 1876 (*Bethlēhem*). 1967. 2018. 2029. 2036. 2077. 2106. 2151. 2206. 2340 (*Sarrāi*). 2401. 2649. 2714 (*Sarrāi*). 2742.

Tyyus 59· Gen. 42. 2063.
2211. 2248. 2709. 2830. 2863.
Typus 60. Gen. 131. 1796.

IV$_n$. C. (×) ⊱ (×) | ×× ×× |

Typus 61. Gen. 92. 115. 126.
141. 168. 192. 206. 855. 901. 925.
1006. 1067 (æfter Jārēde). 1069.
1095. 1104. 1156. 1249. 1253. 1390.
1436. 1505. 1540. 1581. 1598. 1604.
1712. 1720. 1745. 1785 (tō Abrahame). 1829. 1854 (Sarrāan). 1873.
1880. 1921. 1932. 1963 (Sennāar).
2071. 2125. 2136. 2164. 2200. 2214.
(Sarrāan). 2215. 2233. 2236. 2241
(Sarrāan). 2265 (Sarrāan). 2297.
2310. 2324. 2356. 2361. 2388 (Sarrāan). 2493. 2637. 2654. 2673. 2686.
2721. 2727 (Sarrāan). 2743. 2752.
2760. 2767. 2778. 2787. 2795. 2831.
2877. 2902.
Typus 62. Gen. 125. 153. 227.
927. 997. 1023. 1055. 1063. 1134.
1214. 1241. 1324. 1338 (ōderra).
1437. 1452. 1461. 1670. 1694
(ōderre). 1768. 1824. 1842. 1874.
1884. 1997. 2021. 2066. 2078. 2110.
2207. 2275. 2349. 2379. 2442. 2444.
2480. 2528. 2534 2559. 2739. 2779.
2882.
Typus 63. Gen. 203. 1237.
1288. 1633. 1706. 1707. 1826. 1853.
2636. 2834. 2847.
Typus 64. Gen. 13. 64 (widr-brecan). 91. 96. 859. 910. 957. 970.
973. 1020. 1046. 1099. 1148. 1204.
1219. 1221. 1266. 1355. 1361. 1386.
1434. 1446 (on wǣg-þele). 1496.
1530. 1585. 1632. 1657. 1781. 1798.
1799. 1810. 1811. 1846. 1861. 1869.
1872. 1917. 1933. 1998. 2000. 2089.
2159. 2216. 2288 (ond widr-breca).

2783. 2784. 2787. 2790. 2799.
2922.
Typus 62. Gen. 890. 1088.
1234. 1423. 1582. 1616. 1761. 1791.
1817. 1820. 1845. 1901. 2082. 2143.
2331. 2433. 2590. 2803. 2841. 2863.
Typus 63. Gen. 1059. 1647.
1909 (Feresīta). 2608.
Typus 64. Gen. 24. 36. 43.
73. 99. 103 (heolstr-sceado). 165.
(wuldr-cyning). 172. 215. 231. 878.
898. 939. 1033 (aldr-banan). 1062.
1165. 1335. 1348. 1526. 1540. 1661.
1672. 1756. 1760. 1833. 1834. 1942.
1953. 1973. 2003. 2039. 2048. 2050.
2060. 2114. 2123. 2150. 2153. 2155.
2201. 2217. 2290 (wǣpn - þrǣce).
2332. 2339. 2358. 2477. 2503. 2514.
2519 (aldr-nere). 2537. 2691. 2729.
Tygus 65. Gen. 16 (līf-frēgan).
32. 200. 897. 910. 931. 933. 982.
1114. 1247. 1273. 1352. 1361. 1552.
1579. 1653. 1658. 1665. 1673. 1682.
1689. 1692. 1708. 1733. 1778. 1787.
1813 (broh-þrāwu S.). 1816. 1870.
1894. 1993. 2025. 2030. 2052. 2055.
2116. 2158. 2222. 2233. 2246. 2252.
2487. 2507 (cwealm-þrāwu S.). 2524.
2640 (symbl-wērig). 2659. 2683.
2685. 2686. 2749. 2872. 2879.
Typus 66. Gen. 22. 51. 899.
940. 1185. 1515. 1620. 1667. 1912.
1948. 2121. 2235. 2625.
Typus 67. Gen. 14. 25. 69.
120. 128. 133. 135 (timbr). 160. 198.
203. 230. 233. 856. 871. 876. 877.
885 (tūcn). 908. 909. 930. 935. 949.
954. 955. 966 (swā him bebēad metod Gr.; vgl. Gen. 2768. 2871).
979. 995. 1038. 1041. 1099. 1106.
1126. 1171. 1203. 1207. 1209 (aldr).
1232. 1239. 1250. 1256. 1258. 1260.
1300. 1310. 1325. 1329. 1358. 1414.

6 *

S.). 2322. 2426. 2467. 2515. 2530. 2543. 2575. 2603. 2635. 2680 2703. 2828. 2829. 2842. 2894.

Typus 65. Gen. 90. 151. 205. 871. 952. 958. 987. 991. 1004. 1057. 1132. 1151. 1155. 1169. 1277. 1283. 1284. 1292. 1376. 1482 (*on þeljarstne*). 1534. 1556. 1597. 1631. 1659. 1699. 1704. 1751. 1753. 1759 (*eordbūend*). 1765. 1808 (*lif-frēgan*). 1809. 1852 (*folc-frēgan*). 1938. 1954. 1967. 2011. 2055 (*þæt hīe tir-līce* Gr.). 2068. 2084. 2094. 2204. 2220. 2237. 2239. 2243. 2259. 2260. 2287. 2291. 2295. 2314. 2318. 2358. 2381. 2473. 2478. 2529. 2533. 2563. 2564. 2566. 2614. 2629. 2679. 2687. 2706. 2720. (*weorc-þēowas* S.). 2729. 2770. 2817. 2822. 2825. 2826.

Typus 66. Gen. 8. 85. 127. 145. 201. 881. 960. 1016*. 1024. 1110. 1115. 1312. 1316. 1507. 1560. 1590. 1624. 1641. 1669. 1714. 1717. 1736. 1762. 1804. 1839. 1984. 1986. 2059. 2117. 2162. 2178. 2189 (*scēawa heofon-hyrste* Schub.). 2328. 2359. 2369. 2377. 2580. 2621. 2716. 2731. 2747. 2765. 2849. 2891.

Typus 67. Gen. 1. 11. 57. 100. 158. 891. 924. 935. 994. 1146. 1187. 1222. 1248. 1267 (*slahan*). 1291. 1331. 1341. 1439. 1445. 1451. 1513. 1661. 1929 (*lǣdde eall þider* Gr.). 2018. 2044. 2064. 2096. 2192. 2272. 2279. 2342 (*world*). 2343. 2363 (*world*). 2449. 2460. 2508. 2513. 2648. 2726. 2808. 2809. 2901. 2933.

Typus 68. Gen. 877. 892 (*trēos* S.). 947. 1270. 1310. 1468. 1607. 1755. 1863. 2135. 2234 (*gangan*). 2590. 2776. 2783 (*frēga*). 2803.

Typus 69. Gen. 43. 59. 61. 156*. 865. 898. 999. 1001. 1074. 1432. 1438. 1443. 1459. 1474. 1475 (*frōfr*). 1503. 1505. 1571. 1583. 1603. 1642. 1644. 1680 (*bēacn*). 1713. 1773. 1790. 1803. 1809. 1840. 1851. 1892. 1905. 1913. 1923. 1944. 1969. 1981. 1989. 1999. 2013. 2047. 2054. 2145. 2171. 2188. 2194. 2196. 2211. 2231. 2264. 2319. 2347. 2367. 2370. 2375. 2413. 2414 (*þæt sceal ford wrecan* Gr.). 2418. 2435. 2442. 2476. 2494. 2502 (*ealdr*). 2506 (*slahan*). 2526 (*sprycest*). 2532. 2586. 2592. 2607. 2632. 2635. 2644. 2657 (*mæg self wið god sprecan* Gr.). 2671. 2719. 2725. 2737. 2768. 2769. (*þæs þe on world hine* Gr.). 2773. 2785. 2791. 2792. 2793. 2806. 2871. 2875. 2890.

Typus 68. Gen. 7. 57. 74. 82. 102. 204. 870 (*gangan*). 875. 911 (*fēoged*). 928. 943. 1014. 1024. 1047. 1103 (*scīoe*). 1116. 1155. 1206 (*dōaþ*). 1222. 1265. 1282. 1299. 1302. 1345. 1458. 1493. 1721. 1781. 1789 (*dōan*). 1822 (*frēga*). 1827. 1880. 1918 (*dōan*). 1949. 1951. 2038. 2043. 2092. 2098. 2105. 2109. 2115. 2130. 2134. 2179. 2229. 2258 (*frēoged*). 2369. 2373. 2411 (*dōan*). 2422. 2471. 2500. 2510. 2559. 2602. 2674. 2692. 2736. 2820. 2836. 2860. 2873. 2895.

Typus 69. Gen. 5. 19. 41. 71. 77. 88. 96. 100. 156*. 159. 174. 181. 188. 220. 229. 857. 920. 923. 942. 964. 965. 988. 1008. 1031. 1055. 1063. 1121. 1127. 1134. 1151. 1158. 1184. 1187. 1210. 1233. 1246. 1262. 1263. 1274. 1279. 1289. 1306. 1336. 1347. 1370. 1373. 1410. 1454. 1464. 1480. 1487. 1491. 1501. 1506. 1542. 1573. 1584. 1594. 1596. 1630. 1664. 1688. 1728. 1741. 1746. 1777. 1784. 1838. 1843. 1867. 1872. 1946. 1978. 1987. 2001. 2032 (*ā-hreded*).

1300. 1306. 1332. 1352. 1465. 1470 (*trēos* S.). 1477. 1479. 1525. 1573. 1579 (*forstolen ferhđe*). 1586. 1599. 1610. 1825. 1850 (*on wlite mōdgum*). 1881. 1925. 2022. 2052. 2077. 2114. 2180. 2218. 2231. 2284. 2383. 2498. 2592. 2664. 2667 (*gesprecan sīne* S.). 2696 (*mīnes fæder ēđle* Holth.). 2697. 2780 (*on hige hālig*).

IV^b. D^1. (×) x́x | x́x x̌ x̌ |

Typus 71. Gen. 134. 863. 866. 985. 1236. 1258. 1380. 1423 (*Nōēes*). 1860. 1903. 1909. 1914. 2221. 2317. 2390. 2422. 2591. 2630. 2835. 2840. 2868*.

Typus 72. Gen. 234. 1064. 1086. 1160. 1226. 1368. 1425. 1441. 1551 (*Nōēes*). 1589. 1739. 1928. 2203. 2411. 2417. 2463. 2674. 2758. 2816. 2846. 2916.

Typus 73. Gen. 979. 1784. 1820. 2892. 2928.

Typus 74. Gen. 133. 1000. 1060. 1079. 1089. 1100. 1145. 1311. 1347. 1395. 1419. 1432. 1636. 1653. 1685. 1835. 1955. 1965. 2041. 2305. 2433. 2617. 2649. 2701. 2753. 2815. 2838. 2883.

Typus 75. Gen. 88. 874. 1866. 2106. 2227. 2335.

Typus 76. Gen. 1634. 1868. 2609.

Typus 77. Gen. 55. 917. 1072. 1154. 1201. 2658. 2736. 2813. 2873.

Typus 78. Gen. 1906. 2079. 2123. 2494.

Typus 79. Gen. 2 (*wuldr-cyning*). 50. 175. 200. 222. 893. 926. 1025. 1199. 1246. 1269. 1410. 1566. 1605. 1680. 1792. 1878. 1889. 1898. 1961. 2057. 2076. 2088. 2157. 2165. 2421.

2076. 2107. 2113. 2195. 2205. 2316. 2325. 2338. 2344. 2353. 2364. 2395. 2469. 2472. 2490. 2493. 2504. 2528. 2563. 2580. 2583. 2584. 2611. 2618. 2630. 2651. 2764. 2797. 2827. 2837. 2840. 2883. 2885. 2905. 2935.

IV$_b$. D^1. (×) x́x | x́x x̌ x̌ |

Typus 71. Gen. 75. 131. 154. 872. 882. 896. 921. 1005. 1009. 1022. 1128. 1181. 1243. 1323 (*Nōēes*). 1556. 1577. 1602. 1679. 1734. 1780. 1844. 1891. 1920. 2009. 2136. 2161. 2166*. 2172. 2185. 2254. 2271. 2278. 2352. 2384. 2386. 2434. 2444. 2475. 2511. 2525. 2593. 2690.

Typus 72. Gen. 52. 1081. 1096. 1240 (*Nōēes*). 1264. 1286. 1321. 1408. 1413. 1431. 1543. 1570. 1612. 1724. 1731. 1881. 1886. 2178. 2403. 2427. 2453. 2678. 2741. 2809 (*mago Ebrēa* Gr.). 2831.

Typus 74. Gen. 81. 111 (*wuldr-cyninges*). 221. 926. 962. 1028. 1048. 1058. 1384 (*wuldr-cyninges*). 1393. 1453. 1691. 1754. 1815. 1974. 2074. 2326*. 2488. 2499.

Typus 75. Gen. 211. 1315. 1407. 2917.

Typus 80. Gen. 852. 1290. 1359. 2351. 2354 (*ford - gangan*). 2446. 2710. 2759.

Typus 81. Gen. 1268. 1779. 1950. 1985. 2063. 2288. 2452. 2545. (*hēah-þrāwu* S.).

Typus 83. Gen. 1715.

Typus 86. Gen. 122. 1375. 2006. 2555. 2557. 2881.

Typus 87. Gen. 2530. 2886.

Typus 89. Gen. 192. 1182. 1199 (*dǣd-rōf hale* Gr.). 1320. 1382. 1406. 1436. 1763. 1899. 1990. 2007. 2269. 2318. 2589. 2839.

Typus 80. Gen. 5. 113. 116. 118. 150. 173. 232. 904. 937. 943. 1111. 1215. 1254. 1342. 1427. 1519. 1529. 1564 (*symbl-wērig*). 1692. 1827. 1831. 1840. 1934. 2005. 2050. 2250. 2292. 2459. 2510. 2547. 2565. 2577. 2689. 2730. 2861. 2871.

Typus 81. Gen. 193. 210. 929. 978. 989. 992. 1274. 1302. 1679. 1847. 1947. 2128. 2182. 2431. 2486. 2698. 2734. 2923.

Typus 82. Gen. 15. 109. 197. 1275. 1293. 1301. 1326. 1517. 1643. 1648. 1871. 1908. 1983. 2105. 2166. 2525. 2539. 2586. 2896.

Typus 83. Gen. 879.

Typus 84. Gen. 1550. 1709.

Typus 85. Gen. 79. 220. 1317. 2035. 2367. 2483. 2497. 2668. 2852. 2918.

Typus 86. Gen. 2205. 2333.

Typus 88. Gen. 907. 1674. 1797. 1966.

Typus 89. Gen. 67. 107. 856. 1021. 1044. 1078. 1098. 1106. 1152. 1181. 1262. 1350. 1351. 1384. 1502. 1527. 1549. 1639. 1683. 1701 (*samworht samod*). 1740. 1760. 1766. 1816. 1911. 1970. 2026. 2069. 2097. 2330. 2376. 2423. 2446. 2653. 2748. 2900. 2912 (*wuldr-gāst*). 2927.

Tppus 90. Gen. 1303. 1416 (*rodor-torht ryne* Gr.). 1728.

Reste.

Gen. 1125 (fehlt). 1209 (*on genimed*). 1645 (*þāra ān wæs*). 2120 (*him þā sē beorn*). 2179 (*ne sealdest þū mē sunu*). 2225 (*drihten mīn*). 2320 (*ymb seofon niht*). 2602 (*brȳde*).

Typus 90. Gen. 1042. 1100. 1743 (*sehan*). 2084 (*sehan*).

Reste.

Gen. 168 (fehlt). 1546 (fehlt). 1956 (*þe him æfter ā*). 2142 (*nis woruld-feoh þe ic mē āgan wille*). 2215 (*ǣnig ne weard*). 2276 (*hunger odde wulf*). 2536 (*od þæt hē gelǣdde*). 2598 (*druncnum*). 2601 (fehlt). 2694 (*lāre gebearh*).

Gen. 1547 (*Percoba, Olla, Olliva, Ollivani*) scheint Prosazusatz eines Schreibers zu sein; Gen. 1548 ist von Gr. ergänzt, von W. fortgelassen; Gen. 2184 ist von W. in zwei Verse zerlegt worden. Die Gesamtzahl der Verse der Gen. A beträgt demnach 2318 — 2 + 1 = 2317.

Wir geben nunmehr die Verteilung der Verse der Genesis A auf die sechs Grundformen und daneben zur Vergleichung auch die entsprechenden Zahlen für den Beowulf und den Daniel, um festzustellen, ob letzterer, wie Ziegler (Der poetische Sprachgebrauch in den sog. Caedmonschen Dichtungen. Münster 1883) annimmt, denselben Verfasser hat wie Genesis A oder nicht.

Typus	Genesis A		Genesis A ‰		Beowulf 1—1000.		Daniel ‰	
A	1149	986	496	425	489	353	515	391
B	318	574	138	248	113	220	122	231
D^2	50	41	22	18	26	56	38	5
E	135	99	58	43	48	58	56	32
C	401	473	173	204	188	205	160	265
D^1	256	134	110	58	133	104	100	75
Reste	8	10	3	4	3	4	9	1
Summa	2317	2317	1000	1000	1000	1000	1000	1000

Nach vorstehender Tabelle sind die A-verse in der ersten Halbzeile der Genesis A nur wenig, in der zweiten aber bedeutend stärker vertreten als im Beowulf; auch die B-verse sind in beiden Halbzeilen der Genesis A verhältnismässig zahlreicher. Die D^2-verse kommen in der ersten Vershälfte fast ebenso oft vor wie im Beowulf; in der zweiten treten sie aber weit mehr zurück; ihre Zahl beträgt dort kaum den dritten Teil der entsprechenden Verse des Beowulfliedes. Die E-verse sind in der ersten Halbzeile etwas häufiger, in der zweiten umgekehrt etwas seltener als im Beowulf. Bei den C-versen finden wir in der Genesis A ungefähr dasselbe Verhältnis wie im Beowulf; nur sind sie in der ersten Halbzeile ein wenig seltener. Die D^1-verse endlich treten in der Genesis A in beiden Halbzeilen stark zurück, ganz besonders in der zweiten, wo sie ungefähr halb so oft vorkommen als im Beowulf.

Das Ueberwiegen der A- und B-verse in beiden Halbzeilen, das seltenere Vorkommen der D^2- und E-verse in der zweiten, der D^1-verse in beiden Halbzeilen hat die

Genesis A zwar mit dem Daniel gemeinsam; im einzelnen
aber zeigen die für beide Gedichte sich ergebenden Zahlen
doch merkliche Unterschiede. Besonders weicht die Genesis A
vom Daniel auch in der Verwendung der Grundform C
ab. Während dieselbe in der Genesis A in der zweiten
Halbzeile in genau demselben Verhältnis auftritt wie im
Beowulf, ist sie im Daniel dort ganz erheblich bevorzugt.
Neben manchen Uebereinstimmungen in der metrischen
Praxis der Genesis A und des Daniel sehen wir daher schon
hier eine auffallende Verschiedenheit, die uns an der Identität
der Verfasser beider Gedichte zweifeln lässt.

Auch in dem Verhältnis der ersten zur zweiten Halbzeile innerhalb jeder einzelnen Grundform zeigt die Genesis A,
wie nachstehende Tabelle ergiebt, manche Abweichung,
nicht blos vom Beowulf, sondern auch vom Daniel:

	Genesis A I II	Beowulf I II	Daniel I II
A	100 : 86	100 : 72	100 : 76
B	100 : 181	100 : 195	100 : 189
D^2	100 : 82	100 : 215	100 : 14
E	100 : 73	100 : 121	100 : 56
C	100 : 118	100 : 109	100 : 166
D^1	100 : 52	100 : 78	100 : 75

Noch deutlicher treten aber die Eigenheiten in dem
Versbau der Genesis A in der Verwendung der Unterarten
hervor, wie die folgenden Tabellen veranschaulichen:

Grundform I. A. 1—30.

Typus	Genesis A		Genesis A $^0/_{00}$		Beowulf 1—1000		Daniel $^0/_{00}$	
1.	371	638	160	275	120	188	129	225
2.	70	93	30	40	45	53	26	60
3.	105	43	45	19	41	18	42	17
4.	42	9	18	4	12	3	16	1
5.	62	71	27	31	19	55	21	45
6.	133	54	57	23	41	13	37	14
7.	23	8	10	3	17	5	3	4
8.	13	13	6	6	2	1	7	3
9.	14	9	6	4	5	3	10	4
10.	6	4	3	2	6	—	1	—

11.	31	23	13	10	27	8	17	13
12.	5	1	2	—	15	—	10	—
13.	9	—	4	—	2	—	5	1
14.	16	12	7	5	12	—	1	1
15.	10	1	4	—	8	—	7	—
16.	23	4	10	2	16	3	8	1
17.	10	—	4	—	5	—	—	—
18.	3	—	1	—	5	2	—	—
19.	—	—	—	—	5	—	—	—
20.	3	1	1	—	4	—	—	—
21.	14	—	6	—	2	—	7	—
22.	37	—	16	—	14	—	29	—
23.	28	—	12	—	4	—	14	—
24.	12	—	5	—	1	—	9	—
25.	15	—	6	—	8	—	20	—
26.	40	—	17	—	25	—	34	—
27.	43	—	19	—	21	—	47	—
28.	11	—	5	—	5	—	8	—
29.	—	2	—	1	1	1	5	1
30.	—	—	—	—	1	—	1	—
Summa	1149	986	496	425	489	353	515	391

Unter den normalen A-versen ist der auch sonst gebräuchlichste Typus 1 *(lange hwīle)* in der Genesis A in beiden Halbzeilen ganz auffallend bevorzugt. Er steht in der ersten Halbzeile um ⅓, in der zweiten um die Hälfte öfter als im Beowulf, während er im Daniel nur in der zweiten Vershälfte etwas zahlreicher begegnet. Im Exodus ist dieser Typus zwar in der zweiten Halbzeile ebenso häufig wie in der Genesis A, aber dafür tritt er dort in der ersten Vershälfte dem Beowulf gegenüber etwas zurück. Demnächst ist in der Genesis A Typus 6 *(geong in geardum)* im Vergleich zum Beowulf und Daniel gleichfalls in beiden Halbzeilen auffallend bevorzugt. Eine leise Steigerung zeigen auch die Typen 4 *(sægdest from his sīde)* und 5 *(land gesāwon)* in der ersten, Typus 8 *(sōd is gecȳded)* in beiden Halbzeilen. Dagegen sind die Typen 2 *(folcum gefrǣge)* und 7 *(wēox under wolcnum)* in beiden, Typus 5 in der zweiten Halbzeile seltener verwendet als im Beowulf, was zum Teil mit dem Gebrauch des Daniel übereinstimmt, nur dass dort Typus 2 in der zweiten Vershälfte sogar öfter vertreten ist als im Beowulfliede.

Die Gesamtzahl der A^2-verse (Typus 11—20) ist in der ersten Halbzeile der Genesis A (46) um mehr als die Hälfte kleiner als im Beowulf (99), also etwa ebenso gross wie im Daniel (48). Die Verteilung auf die einzelnen Unterarten ist aber in der Genesis A und im Daniel etwas verschieden. Besonders bemerkenswert ist das seltenere Vorkommen des Typus 12 *(folc-stede frætwan)* in der Genesis A, des Typus 14 *(Grendles gūd-cræft)* im Daniel. In der zweiten Vershälfte sind die Abweichungen zwischen Genesis A, Beowulf und Daniel geringfügiger Art.

Die Gesamtzahl der A^3-verse (Typus 21—28) in der Genesis A (86) ist von der des Beowulf (80) nur wenig verschieden. Auch in der Verwendung der Unterarten verdient nur das etwas stärkere Auftreten der Typen 23 *(ēow hēt secgan)* und 24 *(ic hine cūde)* und das etwas seltenere Vorkommen von Typus 26 *(þā wæs on burgum)* Erwähnung. Um so grösser aber sind bei dieser Versart die Abweichungen zwischen Genesis A und Daniel. Letzteres Gedicht hat fast die doppelte Zahl von A^3-versen (168), ein Umstand, der gegen die Annahme gleicher Verfasserschaft schwer ins Gewicht fällt.

Grundform IIa. B (31—40).

Typus	Genesis A		Genesis A $^0/_{00}$		Beowulf 1—1000		Daniel $^0/_{00}$	
31.	222	386	96	167	77	134	75	147
32.	38	57	16	25	15	27	25	30
33.	3	11	1	5	3	10	3	4
34.	27	85	12	37	5	26	12	37
35.	13	18	6	8	5	10	4	8
36.	3	1	1	—	3	2	3	1
37.	11	15	5	6	4	8	1	3
38.	1	1	—	—	1	—	—	—
39.	—	—	—	—	—	2	—	1
40.	—	—	—	—	—	1	—	—
Summa	318	574	138	248	113	220	122	231

Die stärkere Verwendung der B-verse in beiden Halbzeilen kommt in der Genesis A ganz besonders bei der gewöhnlichsten Unterart derselben, dem Typus 31 *(him on bearme leg)* zum Ausdruck, zum Teil auch bei Typus 34 *(him þā Scyld gewāt)*, während die übrigen Versarten nicht viel häufiger, manche sogar seltener anzutreffen sind als im Beowulf. Im Daniel ist Typus 34 zwar auch in beiden, Typus 31 aber nur in der zweiten Halbzeile häufiger vertreten als im Beowulf. Ausserdem ist dort Typus 32 namentlich in der ersten Vershälfte verstärkt, während derselbe in der Genesis A ungefähr in demselben Verhältnis wie im Beowulf begegnet.

Grundform IIb. D^2 (41—50).

Typus	Genesis A		Genesis A °/oo		Beowulf 1—1000		Daniel °/oo	
41.	13	11	6	5	5	11	8	—
42.	9	6	4	3	5	12	4	—
43.	11	—	5	—	5	—	13	—
44.	1	—	—	—	1	3	4	1
45.	2	1	1	—	2	1	3	—
46.	1	6	—	3	1	11	3	—
47.	3	4	1	2	1	5	—	—
48.	3	—	1	—	1	—	1	—
49.	7	11	3	5	2	11	3	1
50.	—	2	--	1	3	2	—	3
Summa	50	41	22	18	26	56	38	5

Von den D^2-versen sind in der zweiten Halbzeile die im Beowulf besonders beliebten Typen 41 *(blǣd wīde sprang)*, 42 *(flota stille bād)*, 46 *(fyrst forð gewāt)*, 47 *(werod eall ārās)* und 49 *(word-hord onlēac)* in der Genesis A weit seltener gebraucht, freilich immer noch öfter als im Daniel, der in der zweiten Vershälfte D^2-verse nur ganz vereinzelt aufweist. In der ersten Halbzeile ist eine wesentliche Verschiedenheit dem Beowulf gegenüber nicht zu bemerken, während im Daniel dort namentlich Typus 43 *(grētte Gēata lēod)* erheblich verstärkt erscheint.

Wie im Daniel treten die E-verse in der Genesis A in der ersten Halbzeile etwas zahlreicher als im Beowulf auf, in der zweiten aber sind sie seltener. Bevorzugt erscheinen die Typen 51—53, bei denen der erste dreihebige Takt durch ein einfaches Wort ausgefüllt ist, in der ersten Halbzeile auch Typus 55 *(weord-myndum þäh)*. In der zweiten Halbzeile aber ist dieser Typus und auch der folgende,

Grundform III. E (51—60).

Typus	Genesis A		Genesis A $^0/_{00}$		Beowulf 1—1000		Daniel $^0/_{00}$	
51.	17	11	7	5	1	—	13	1
52.	10	19	4	8	5	4	7	5
53.	12	7	5	3	2	1	12	9
54.	2	1	1	—	—	3	—	—
55.	70	43	30	19	23	31	9	12
56.	13	14	6	6	7	10	10	—
57.	1	1	—	—	2	—	1	1
58.	1	1	—	—	—	1	—	—
59.	7	2	3	1	5	3	4	3
60.	2	—	—	—	3	5	—	—
Summa	135	99	58	43	48	58	56	32

Typus 56 *(wlite-beorhtne wang)*, erheblich seltener verwendet als im Beowulf. Im Daniel kommt Typus 55 auch in der ersten Halbzeile viel seltener vor.

Grundform IV^a. C (61—70).

Typus	Genesis A		Genesis A $^0/_{00}$		Beowulf 1—1000		Daniel $^0/_{00}$	
C^1 61.	70	30	30	13	6	2	33	16
62.	41	20	18	9	15	3	18	13
63.	11	4	5	2	2	—	13	7
C^2 64.	59	52	25	22	50	23	12	33
65.	75	52	32	22	54	18	28	24
66.	44	13	19	6	26	9	5	22
C^3 67.	43	127	19	55	25	61	17	54
68.	15	64	6	28	3	45	16	46
69.	43	111	19	48	6	41	18	50
70.	—	—	—	—	1	3	—	1
Summa	401	473	173	204	188	205	160	265

Die Gesamtzahl der C-verse der Gen. A ist in der ersten Halbzeile nur wenig kleiner als im Beowulf und in der zweiten haben beide Gedichte ungefähr dieselbe Verhältniszahl. Im einzelnen aber zeigen sich doch manche Verschiedenheiten. So sind die Typen 61—63 (= C¹), desgleichen auch Typus 69 *(on fæder bearme)* in beiden Halbzeilen der Gen. A häufiger verwendet als im Beowulf; dafür aber sind die Typen 64—66 (= C²) in der ersten, die Typen 66, 67 und besonders 68 in der zweiten Halbzeile seltener gebraucht. Der Daniel zeigt ebenfalls in beiden Halbzeilen eine erhebliche Verstärkung der Typen 61—63 und 69, in der ersten eine seltenere Verwendung der Typen 64 bis 67. In der zweiten Halbzeile sind aber dort auch die Typen 64—66 (= C²) viel häufiger, so dass die Gesamtzahl der C-verse eine weit grössere ist als im Beowulf und in der Genesis A.

Grundform IV^b. D^1 (71—90).

Typus	Genesis A		Genesis A °/₀₀		Beowulf 1—1000		Daniel °/₀₀	
71.	21	42	9	18	2	24	3	20
72.	21	25	9	11	—	11	3	14
73.	5	—	2	—	10	—	5	—
74.	28	19	12	8	15	19	5	16
75.	6	4	3	2	8	14	—	—
76.	3	—	1	—	2	—	5	—
77.	9	—	4	—	12	—	1	—
78.	4	—	2	—	5	4	5	3
79.	26	—	11	—	18	—	20	—
80.	36	8	16	3	8	10	1	3
81.	18	8	8	3	14	9	7	4
82.	19	—	8	—	6	—	16	—
83.	1	1	—	—	4	2	4	—
84.	2	—	1	—	—	1	—	—
85.	10	—	4	—	10	—	5	—
86.	2	6	1	3	3	2	1	—
87.	—	2	—	1	1	2	1	1
88.	4	—	2	—	2	1	1	—
89.	38	15	16	6	8	2	12	13
90.	3	4	1	2	5	3	4	1
Summa	256	134	110	58	133	104	100	75

Von den D¹-versen kommen in der Gen. A in der ersten Halbzeile die Typen 71 *(stīg wīsöde)*, 72 *(gode pancōde)*, 80 *(feond man-cynnes)*, 82 *(sīde sǣ-nǣssas)* und 89 *(gūdrinc monig)* häufiger vor als im Beowulf, alle andern aber sind viel seltener, so dass die Gesamtzahl der Verse dieser Grundform noch hinter der des Beowulf zurückbleibt. In der zweiten Halbzeile sind die D¹-verse in der Gen. A etwa halb so oft verwendet als im Beowulf. Nur Typus 89 ist dort etwas öfter gebraucht, Typus 72 ebenso oft, alle andern aber viel seltener. Namentlich bei Typus 74 *(sǣ-līdende)*, 75 *(sele-rǣdende)*, 80 *(fēond mancynnes)*, 81 *(fromum feoh-giftum)* ist der Unterschied besonders bemerkbar. Auch im Daniel sind die D¹-verse etwas seltener als im Beowulf; im einzelnen ist aber die Verteilung auf die Unterarten von der der Gen. A, wie aus der Tabelle ersichtlich, stark verschieden.

Alliteration.

Die im Daniel beobachtete Eigentümlichkeit, dass der Hauptstab auf einem Possessivpronomen ruht, während das folgende Substantiv an der Alliteration nicht teilnimmt, finden wir zwar auch in der Gen. A wieder, aber im Vergleich zu dem weit grösseren Umfange dieses Gedichtes doch nur ganz selten, nämlich Gen. 1259 mīnra fēonda; 1917 þīne mōde; 2126 mīnra lēoda; 2129 ūssum folce; 2826 ūre drihten; es überwiegt die normale Stellung, z. B. Gen. 1624 mǣgde sīnre, 1869 þegnum sīnum, 1929 æhte sīne, 2193 menigo þīnre, 2204 folde þīne, 2255 wordum sīnum, 2816 wordum mīnum. Als sonstige Abweichungen von den gewöhnlichen Regeln des Stabreims wäre zu erwähnen der D²-vers Gen. 2296 godes ǣrend-gāst (Typus 42) mit Alliteration auf der ersten und vierten Hebung, ferner die zweiten Halbverse Gen. 128 scēop þā bām naman (Typus 67) und Gen. 1837 swā þū mīnum scealt (Typus 31), von denen der erste dem ganzen Versbaue nach als C-vers, der zweite als B-vers aufzufassen ist, obwohl der Hauptstab nicht wie sonst auf der stärker betonten zweiten, sondern ausnahmsweise auf der schwächer betonten ersten Hebung ruht.

Die Doppelalliteration ist in der Gen. A bedeutend seltener verwendet als in jedem andern der bisher betrachteten Gedichte; es haben von 2317 Versen nur 815, also etwa 35 %, zwei Reimstäbe. Die Verteilung der Doppelalliteration auf die sechs verschiedenen Versrhythmen gestaltet sich folgendermassen:

	A	B	D^2	E	C	D^1	Reste	Sa.
Doppel-All.:	504	62	36	51	36	125	1	815
Einf. All.:	645	256	14	84	365	131	7	1502

Als Träger des Stabreims werden in der Gen. A die einzelnen Laute folgendermassen gebraucht:

Vocale	b	c	d	f	g	h	l	m
Genesis A	453	114	54	80	270	105	159	130	137
Gen. A $^0/_{00}$	195	49	23	35	117	45	69	56	59
Beowulf	158	62	15	29	101	88	117	47	80
Dan. $^0/_{00}$	168	75	30	46	63	68	112	37	71

	n	r	s	sc	sp	st	t	þ	w
Genesis A	47	68	224	20	7	27	45	50	327
Gen. A $^0/_{00}$	20	29	97	9	3	12	19	22	141
Beowulf	17	15	111	14	1	4	5	25	110
Dan. $^0/_{00}$	18	30	97	3	1	5	10	21	145

Die erste Stelle nimmt also wiederum vocalische Alliteration (195) ein, die weit häufiger ist als im Beowulf (158) oder Daniel (168), freilich noch nicht so häufig wie im Satan (227). Auch *w* (141) ist weit öfter gebraucht, als im Beowulf (110), ungefähr ebenso oft wie im Daniel (145). An dritter Stelle folgt *f* (117), das gerade umgekehrt im Daniel stark zurücktritt (63). Auch *l* steht in der Gen. A (56) öfter, im Daniel (37) aber seltener als im Beowulf (47). Umgekehrt ist *h* in der Gen. A (69) bedeutend seltener als im Beowulf (117) und Daniel (112); desgl. *b, g, m*.

Verfasserfrage.

Dass die Gen. A nicht von demselben Verfasser herrühren kann, wie Exodus und Satan dürfte aus den in den früheren Abschnitten hervorgehobenen metrischen Besonderheiten dieser Gedichte, an denen die Gen. A nicht teilnimmt, ausreichend klar geworden sein. Aber auch die oben (p. 87) erwähnte Ansicht von Ziegler, dass Daniel und Gen. A möglicherweise ein und denselben Verfasser haben, ist durch die nähere Untersuchung der Metrik beider Gedichte nicht bestätigt worden. Wenn auch des öfteren Gen. A und Daniel in metrischen Dingen sich nach derselben Richtung hin von der Praxis des Beowulfliedes entfernen, so sind doch der Verschiedenheiten zwischen beiden Gedichten noch so viele, dass wir trotzdem für Gen. A und Daniel zwei verschiedene Verfasser anzunehmen gezwungen sind.

Die Ansicht Eberts, dass vielleicht die beiden durch die Interpolation getrennten Teile der Gen. A, V. 1—234 und 852—2935, von zwei verschiedenen Verfassern herrühren, ist bereits von Heinze (Zur ae. Genesis. Berlin 1889) zurückgewiesen worden. Auch die Vergleichung der metrischen Eigentümlichkeiten beider Teile ergiebt nichts, was für Verschiedenheit der Verfasser sprechen könnte.

Ob endlich Zieglers Vermutung (l. c. p. 174), dass der Genesisdichter die Geschichte Abrahams bereits poetisch bearbeitet vorfand und in sein eignes Gedicht verwob, richtig ist, lässt sich weder aus sprachlichen noch aus metrischen Gründen sicher entscheiden, da wir kein Mittel in der Hand haben, genau zu bestimmen, welche Verse dem älteren Original, welche der Ueberarbeitung angehören. Wir müssen also daran festhalten, dass die Genesis A (1—234; 852—2935) im wesentlichen das Werk eines Dichters ist, der aber keine der andern Caedmonschen Dichtungen geschrieben hat.

Genesis B.

Die Verse der Genesis B lassen sich, wie folgt, den 90 Unterarten der Alliterationsverse zuweisen:

Erste Halbzeile.

I. A. (×) ×́××́(×) ×́××́
Typus 1. Gen. 235*. 244.
252*. 254*. 256*. 259*. 260*. 261*.
268. 283*. 286. 291*. 295*. 299*.
300*. 303*. 306*. 319. 325*. 340.
342*. 345. 346. 370*. 383. 384.
391*. 393*. 394*. 397*. 400*. 401*.
402*. 407*. 408*. 411. 422. 425.
439*. 446. 486* (*lytle hwīle sceolde hē his | līfes nīotan*). 488*. (*on fȳrc sceolde | fēondum þēowian*). 489*.
500. 511. 514. 515. 517. 525. 530.
536. 545*. 553. 567. 572. 576*. 587.
597. 627. 633. 634. 638. 641. 644.
663. 673. 681. 686. 695. 696. 701.
710. 726. 750. 754. 758*. 760*. 761*.
773. 774. 779. 780. 786. 802. 811*.
822. 825. 834*.

Typus 2. Gen. 238. 248. 258*.
276. 280. 284*. 296*. 301*. 374.
380. 410 429. 441 (*lāre forlēton* Gr.). 444*. 458. 498. 505. 506. 507*.
531. 546*. 549. 563. 595. 714 (*tācen od-īewde* Gr.). 727. 731 (*his lāre forlēton* S.). 753. 759*. 762*. 765.
769. 772. 782. 785. 790. 794. 835.
837. 842. 848.

Typus 3. Gen. 250. 255* (*wāstem*). 257*. 274. 279 (*habban*). 282.
308*. 309. 339. 349. 404*. 418. 419.
424. 427. 428. 436. 465. 473. 496.
504. 520 (*wāstem*). 521. 534. 535.
538. 539. 542. 551. 559. 571. 612.
650. 676. 677. 682. 688. 729. 735.

Zweite Halbzeile.

I. A. (×) ×́××́(×) | ×́××́
Typus 1. Gen. 240. 245. 246.
247. 251. 253*. 255*. 256*. 257*.
258*. 260*. 261*. 267. 269. 270.
277. 282*. 287*. 291*. 296*. 300*
(*hēahan*). 303*. 317. 319. 323. 325*.
337. 338*. 342*. 344. 345*. 348.
351. 352. 369. 371. 373. 386. 397*.
401*. 403*. 406*. 407*. 408*. 409.
410*. 415. 417. 423. 430*. 449. 450.
455. 460. 469. 482. 484. 487*
(*sēcan þonne landa sweartost*). 488*.
489*. 495. 501. 502. 506. 512.
540. 544*. 545* (*hēahan*). 548. 550.
560. 577. 580. 586. 593. 596. 608.
623. 626. 631. 639. 642. 649*. 651.
652. 658. 669. 690. 700. 704. 707.
709. 711. 715. 719. 742. 744. 747.
760* (*nēahor*). 761*. 763*. 775. 781.
796. 801. 810. 821. 828. 829. 851.

Typus 2. Gen. 252*. 254*. 275.
284*. 285*. 298. 299*. 321*. 378.
383. 387. 391*. 392*. 394*. 399.
400*. 402*. 404*. 431*. 437. 461.
463. 475. 524. 543*. 583. 613* (*getrēowdest*). 645. 661. 697 (*onfōhan*).
706* (*getrēowde*). 759*. 769. 791.
808. 845.

Typus 3. Gen. 268. 324. 330.
359. 361. 389*. 412. 432. 440. 471.
480. 517. 546*. 578. 678. 843*.
846. 850.

Typus 4. Gen. 382. 510. 659.
673. 806.

Graz, Die Metrik der sog. Caedmonschen Dichtungen.

742. 751. 766. 777. 793. 803. 810. 820.
Typus 4. Gen. 236 (wǣstem). 239. 289. 294. 302*. 318. 323. 360. 362. 373. 379. 385. 434. 438. 452. 482. 508. 550. 588. 592. 607. 614. 678. 692. 713. 717. 787. 800. 807. 817. 830. 846.
Typus 5. Gen. 253*. 271. 287*. 327. 381. 392*. 403*. 420. 431*. 591. 668. 770. 814.
Typus 6. Gen. 242. 326. 350. 375. 389*. 443. 445. 448. 462. 466. 470. 478. 529. 533. 600. 605. 613. 616. 630. 656. 724. 795. 839.
Typus 7. Gen. 377. 564. 619.
Typus 8. Gen. 581.
Typus 9. Gen. 237. 322*. 354. 367. 416. 442. 519. 598. 680.
Typus 10. Gen. 240. 263. 368. 406. 481. 579. 647. 679. 734.
Typus 11. Gen. 355. 767. 788.
Typus 14. Gen. 324. 328. 480. 655. 776. 815.
Typus 15. Gen. 547. 589. 718.
Typus 16. Gen. 266. 468 (lid Gr.). 721.
Typus 17. Gen. 343.
Typus 21. Gen. 371. 387.
Typus 22. Gen. 313. 315. 330. 475 (habban him tō wǣron). 477. 653. 712.
Typus 23. Gen. 827.
Typus 24. Gen. 461. 516.
Typus 25. Gen. 363. 453. 699.
Typus 26. Gen. 278. 298. 344 352. 454. 493. 495. 608. 626. 635. 702. 704. 801. 805.
Typus 27. Gen. 304. 335. 361. 409. 433. 435. 483. 540. 541. 561. 562. 565. 603. 620. 669. 797. 816. 824. 849.

Typus 5. Gen. 273. 286*. 292. 295*. 301*. 302*. 334. 366. 393*. 395*. 396*. 451. 534. 541. 561. 568. 573. 632. 691. 693. 738. 739. 756. 758*. 798. 833*.
Typus 6. Gen. 265. 289*. 306*. 405*. 467. 474 (hēr on worulde). 528. 603. 640. 745.
Typus 8. Gen. 259*. 318. 376. 379. 672. 728. 767. 783.
Typus 9. Gen. 353. 354. 655. 724.
Typus 10. Gen. 575.
Typus 11. Gen. 290. 313. 356. 824.
Typus 13. Gen. 838. 847.
Typus 14. Gen. 335. 465. 831.
Typus 15. Gen. 496. 840.
Typus 29. Gen. 459.
Typus 30. Gen. 765.

II^a. B. $(\times) \times (\times)\ \underline{\times \times} \times (\times) \mid \times$.

Typus 31. Gen. 235*. 236. 238. 242. 248 (getrēowde S.). 272. 278. 288*. 304. 305. 310. 312 (hell). 320. 329. 332. 333. 339. 355. 364. 367. 372. 398. 420. 421. 427. 429. 433. 434. 436. 438. 443. 445. 453. 458. 462. 468. 472. 478. 481. 490. 492. 503. 504. 515. 516. 519. 520. 522. 525. 527. 529 (hell). 530. 531. 532. 549. 551. 553. 554. 555. 558. 559. 566. 567. 570. 572. 581. 588. 590. 594. 598. 602. 609. 616. 617. 618. 622. 625. 636. 643 (wǣstem). 644 (lāde trēow Ettm.). 650. 654. 662. 664. 670. 675. 684. 685. 686. 687. 701. 718. 723. 725. 726. 732. 734. 736. 737. 755*. 764. 771. 785. 787. 790. 792 (hell). 793. 795. 799. 803. 804. 805. 809. 813. 814. 815. 816. 818. 819. 826. 835. 836. 841.

Typus 28. Gen. 467.
Typus 29. Gen. 740.

II$_a$. B. $(\times) \times (\times) \mid \underline{\times \times} \times (\times) \mid \overset{\prime}{\times}$

Typus 31. Gen. 245. 249. 270. 297. 305. 311. 331. 333. 336. 348. 356. 357. 365. 369. 386. 395*. 412. 414. 421. 437. 464. 471. 476 (hēahan). 491*. 492* (ymbūtan þone dēades bēam). 499 509. 528. 552. 554. 569. 570. 586. 593. 596. 599. 601. 623. 632. 636. 640. 645. 646. 654. 658. 664. 684. 685. 689. 690· 691. 697. 708*. 711. 719. 720. 728. 733. 736 (hēahan). 738. 743. 745. 748. 752. 757. 768. 775. 791. 792. 796. 808. 819. 821. 823. 840. 851.
Typus 32. Gen. 251. 262. 293. 314. 405*. 484. 532. 631. 674. 675. 764.
Typus 33. Gen. 399. 583. 651.
Typus 34 Gen. 317. 494. 611. 624. 628. 639. 844.
Typus 35. Gen. 269. 275. 449. 662. 707 (þē þæt wīf tō him). 838.
Typus 37. Gen. 578. 661.

II . D^2. $(\times) \underline{\times \times} \mid \underline{\times \times} \times (\times) \mid \overset{\prime}{\times}$

Typus 41. Gen. 316. 479. 771.
Typus 42. Gen. 582. 657.
Typus 43. Gen. 372. 490. 687. 831.
Typus 44. Gen. 584.
Typus 45. Gen. 725.
Typus 45^a. Gen. 590.
Typus 47. Gen. 455. 809.
Typus 48. Gen. 497. 649.
Typus 49. Gen. 264. 580. 615. 755.
Typus 50. Gen. 833.

Typus 32. Gen. 297. 308. 358. 365. 368. 377. 388. 411. 444. 466 (wǣstem). 470. 483. 569. 587. 589. 592. 600. 601. 605. 607. 619. 641. 646. 653. 657. 677. 681. 705. 714. 716. 717. 720. 721. 727. 746. 749. 757. 774. 820. 842.
Typus 33. Gen. 279. 381. 425 (þæt mē is on mīnum mōde swā sār). 533. 542. 564. 579. 611. 621. 708. 733. 743. 784. 802. 817. 832. 837.
Typus 34. Gen. 241. 250. 327. 350. 360. 424. 526. 535. 536. 539. 547. 591. 612. 637. 666. 668. 696. 710. 766. 772. 797. 800. 812.
Typus 35. Gen. 283*. 309. 416. 491 (and wand him þā). 498. 500. 507*. 518. 538. 584. 597. 634. 667. 688. 731. 753. 825.
Typus 36. Gen. 316. 375.
Typus 37. Gen. 294. 562. 574 (swā wit bū-tū him). 663.
Typus 38. Gen. 751.
Typus 39. Gen. 497.

II^b. D^2. $(\times) \underline{\times \times} \mid \underline{\times \times} \times (\times) \mid \overset{\prime}{\times}$

Typus 41. Gen. 341.
Typus 45. Gen. 271.

III. E. $(\times) \mid \underline{\times \times} \overset{\backprime}{\times} \times (\times) \mid \overset{\prime}{\times}$

Typus 52. Gen. 315. 347. 477.
Typus 55. Gen. 281. 311. 448. 599. 638. 789. 844.
Typus 56. Gen. 293. 633. 752. 768.
Typus 60. Gen. 362.

IV$_a$. C. $(\times) \times (\times) \mid \underline{\times \times} \overset{\backprime}{\times} \times \mid$

Typus 61. Gen. 513. 563.
Typus 62. Gen. 557. 848.
Typus 64. Gen. 326. 380. 552. 694. 730 (nū hīe word-cwyde).

7*

III. E. (x) | ×́× ×́ ×́ (×) | ×́

Typus 52. Gen. 524. 722. 730.
Typus 55 Gen. 378. 523. 544*.
594. 643. 693. 778. 789.
Typus 56. Gen. 338*. 527.
Typus 57. Gen. 602.
Typus 59. Gen. 456. 783.
Typus 60. Gen. 642. 694.

IVª. C. (x) ×́ (×) | ×́× ×́ ×́ |

Typus 61. Gen. 310. 398. 568. 606. 715. 756. 850.
Typus 62. Gen. 243. 281. 364. 450. 512 (hēistan S.). 555. 577. 622. 629. 660. 665. 672. 683. 703. 798. 828.
Typus 64. Gen. 247. 320. 341. 417 (fedr-homan). 430*. 447*. 501. 502. 574. 610. 621*. 670 (fedrhaman). 744. 781. 784. 813. 829. 836. 845.
Typus 65. Gen. 246. 273. 290. 292. 359*. 366. 440. 451. 469. 518. 548. 585. 652. 700. 705. 804.
Typus 66. Gen. 288*. 332. 337. 351. 382. 388. 423. 609. 739.
Typus 67. Gen. 415. 543*. 575. 667. 698. 806 (cymed). 832.
Typus 68. Gen. 265. 460. 472. 556. 566. 741. 747. 847.
Typus 69. Gen. 267. 277. 413. 426. 503. 510. 526. 558. 618. 706. 716. 746. 812. 818. 826.
Typus 70. Gen. 604.

IV^b. D¹. (x) ×́× | ×́× ×́ ×́ |

Typus 71. Gen. 329. 353. 537*.
Typus 72. Gen. 617. 709.
Typus 73. Gen. 347. 522.
Typus 74. Gen. 457. 560.
Typus 75. Gen. 659. 666. 763. 799. 843.

Typus 65. Gen. 328. 363. 419. 454. 665. 729. 773.
Typus 66. Gen. 263. 331. 426. 521. 523. 660. 699. 741. 748. 776. 778. 794.
Typus 67. Gen. 244. 280. 336. 374. 384. 390. 428. 435. 441 (and wurdon lād gode Gr.). 446. 452. 456. 479. 485. 493. 499. 508. 509. 511. 514. 556. 571. 576. 604. 614. 630. 635. 647. 671. 682. 692. 750. 754. 762. 822. 830.
Typus 68. Gen. 239. 249 (fulgān Gr.). 276. 346. 357. 413. 418. 464 (on cēosan). 473. 537. 629. 735 (būen). 740. 779. 786. 839.
Typus 69. Gen. 243. 264. 266. 274. 322. 340. 343. 349. 385. 414. 422. 447. 457. 476. 565. 582. 595. 606. 610. 615. 620. 624. 627. 648. 656. 674. 676. 679*. 680. 683. 689. 695. 698. 713 (þe hēo þūm were swelce). 722. 777. 780. 782. 788. 811. 823. 834.

IV^b. D¹. (x) ×́× | ×́× ×́ ×́ |

Typus 71. Gen. 770. 827.
Typus 72. Gen. 585.
Typus 75. Gen. 237. 439*. 494. 505. 628. 712.
Typus 78. Gen. 442.
Typus 80. Gen. 314. 849.
Typus 86. Gen. 807.
Typus 89. Gen. 702.
Typus 90. Gen. 262.

Reste.

Gen. 370 (þonne ic mid þys werode). 703 (fehlt).
Gen. 307 (þurh swā longe swā þrēo niht and dagas) ist als Prosazusatz eines Schreibers auszuscheiden; Gen. 486/487 sind zu

Typus 76. Gen. 841.
Typus 77. Gen. 432. 463.
Typus 79. Gen. 376. 485. 557.
625*. 671.
Typus 80. Gen. 396*.
Typus 81. Gen. 459. 513. 573. 723.
Typus 82. Gen. 285. 390. 637.
Typus 84. Gen. 648.
Typus 85. Gen. 272. 312. 321 (hēhde heofon-rīces). 358. 474. 732. 749.
Typus 88. Gen. 334.
Typus 89. Gen. 241. 737.

einem Schwellverse zusammenzuziehen. Die Gesamtzahl der Verse der Genesis B beträgt demnach 617 − 2 = 615.

Danach erhalten wir für die Häufigkeit der Verwendung der sechs Grundformen in der Gen. B folgende Tabelle, in der ich zur Vergleichung die entsprechenden Zahlen des Beowulf und der Gen. A beigefügt habe:

Typus	Genesis B 235−851		Genesis B ⁰/₀₀		Beowulf 1−1000.		Genesis A ⁰/₀₀	
A	332	231	540	376	489	353	496	425
B	105	228	171	370	113	220	138	248
D^2	21	2	34	3	26	56	22	18
E	18	15	29	25	48	58	58	43
C	98	122	159	198	188	205	173	204
D^1	41	15	67	25	133	104	110	58
Reste	—	2	—	3	3	4	3	4

Es sind also in der Gen. B die A- und B-verse in beiden Halbzeilen, namentlich die B-verse in der zweiten Halbzeile stark bevorzugt. Alle andern Versarten, besonders in hohem Grade die Grundformen D^2 und D^1 in der zweiten Halbzeile treten infolgedessen stark zurück.

Dementsprechend gestaltet sich das Verhältnis der ersten zur zweiten Halbzeile in der Gen. B folgendermassen:

	Genesis B I II		Beowulf I II		Genesis A I II	
A	100:	70	100:	72	100:	86
B	100:	215	100:	195	100:	181
D^2	100:	10	100:	215	100:	82
E	100:	83	100:	121	100:	73
C	100:	124	100:	109	100:	118
D^1	100:	37	100:	78	100:	52

Innerhalb der einzelnen Grundformen kommen für die Gen. B nachstehende Verschiedenheiten in Betracht:

Grundform I. A. 1—30.

Typus	Genesis B		Genesis B °/oo		Beowulf 1—1000		Genesis A °/oo	
1.	88	110	143	179	120	188	160	275
2.	41	36	67	59	45	53	30	40
3.	47	18	76	29	41	18	45	19
4.	32	5	52	8	12	3	18	4
5.	13	26	21	42	19	55	27	31
6.	23	10	37	16	41	13	57	23
7.	3	—	5	—	17	5	10	3
8.	1	8	2	13	2	1	6	6
9.	9	4	15	7	5	3	6	4
10.	9	1	15	2	6	—	3	2
11.	3	4	5	7	27	8	13	10
12.	—	—	—	—	15	—	2	—
13.	—	2	—	3	2	—	4	—
14.	6	3	10	5	12	—	7	5
15.	3	2	5	3	8	—	4	—
16.	3	—	5	—	16	3	10	2
17.	1	—	2	—	5	—	4	—
18.	—	—	—	—	5	2	1	—
19.	—	—	—	—	5	—	—	—
20.	—	—	—	—	4	—	1	—
21.	2	—	3	—	2	—	6	—
22.	7	—	11	—	14	—	16	—
23.	1	—	2	—	4	—	12	—
24.	2	—	3	—	1	—	5	—
25.	3	—	5	—	8	—	6	—
26.	14	—	23	—	25	—	17	—
27.	19	—	31	—	21	—	19	—
28.	1	—	2	—	5	—	5	—
29.	1	1	2	2	1	1	—	1
30.	—	1	—	2	1	—	—	—
Summa	332	231	540	376	489	353	496	425

Die einfachste Unterart der A-verse, Typus 1 *(lange hwīle)*, steht in der Gen. B in der zweiten Halbzeile fast ebenso oft, in der ersten noch häufiger als im Beowulf; doch ist dabei zu berücksichtigen, dass darunter auch ein erheblicher Procentsatz von Schwellversen sich befindet. Weiterhin erscheinen von den A¹-versen besonders die Typen

2 *(folcum gefrǣge)*, 3 *(folce tō frōfre)* und 4 *(sægdest from his sīde)*, ferner 8 *(sōd is gecȳded)*, 9 *(flota wæs on ȳdum)* und 10 *(sorh is mē tō secgan)* dem Beowulf gegenüber bevorzugt, während die kürzeren Versformen, Typus 5 *(land gesāwon)*, 6 *(geong in geardum)* und 7 *(wēox under wolcnum)* etwas zurücktreten.

Von den A^2-versen ist in der ersten Halbzeile der Gen. B nur Typus 14 *(Grendles gūd-cræft)* in ungefähr demselben Verhältnis wie im Beowulf gebraucht, alle andern Unterarten treten stark zurück, einige, darunter Typus 12 *(folc-stede frætwan)*, fehlen ganz. Die Gesamtzahl der A^2-verse erreicht in der ersten Halbzeile der Gen. B kaum ⅓ der entsprechenden Verse des Beowulf. In der zweiten Vershälfte sind die A^2-verse umgekehrt in der Gen. B ein wenig zahlreicher als im Beowulf.

Die Gesamtzahl der A^3-verse ist in der Gen. B und im Beowulf gleich gross; auch in der Verwendung der Unterarten zeigen sich nur geringe Verschiedenheiten. Am bemerkenswertesten ist eine etwas stärkere Verwendung des Typus 27 *(nū gē mōton gangan)*.

Grundform II[a]. B (31—40).

Typus	Genesis B		Genesis B ⁰/₀₀		Beowulf 1—1000		Genesis A ⁰/₀₀	
31.	76	123	123	200	77	134	96	167
32.	11	40	18	65	15	27	16	25
33.	3	17	5	28	3	10	1	5
34.	7	23	11	37	5	26	12	37
35.	6	17	10	28	5	10	6	8
36.	—	2	—	3	3	2	1	—
37.	2	4	3	7	4	8	5	6
38.	—	1	—	2	1	—	—	—
39.	—	1	—	2	—	2	—	—
40.	—	—	—	—	—	1	—	—
Summa	105	228	171	370	113	220	138	248

Die starke Bevorzugung der Grundform B in beiden Halbzeilen betrifft in erster Reihe den Typus 31 *(him on bearme læg)*; aber auch die folgenden Typen 32—35 sind in der Gen. B weit häufiger gebraucht als im Beowulf oder in anderen Gedichten.

Grundform II^b. D^2 (41—50).

Typus	Genesis B		Genesis B °/oo		Beowulf 1—1000		Genesis A °/oo	
41.	3	1	5	2	5	11	6	5
42.	2	—	3	—	5	12	4	3
43.	4	—	7	—	5	—	5	—
44.	1	—	2	—	1	3	—	—
45.	2	1	3	2	2	1	1	—
46.	—	—	—	—	1	11	—	3
47.	2	—	3	—	1	5	1	2
48.	2	—	3	—	1	—	1	—
49.	4	—	7	—	2	11	3	5
50.	1	—	2	—	3	2	—	1
Summa	21	2	34	3	26	56	22	18

Bei den D^2-versen ist zu erwähnen, dass in der zweiten Halbzeile überhaupt nur ein Beispiel für Typus 41 *(blǣd wīde sprang)* und eins für Typus 45 *(atol ȳða geswing)* begegnet, so dass hier die Verschiedenheit vom Beowulf besonders in die Augen fällt. In der ersten Vershälfte ist ein Unterschied weniger zu merken. Etwas öfter als im Beowulf steht hier der Typus 49 *(word-hord onlēac)*.

Grundform III. E (51—60).

Typus	Genesis B		Genesis B °/oo		Beowulf 1—1000		Genesis A °/oo	
51.	—	—	—	—	1	—	7	5
52.	3	3	5	5	5	4	4	8
53.	—	—	—	—	2	1	5	3
54.	—	—	—	—	—	3	1	—
55.	8	7	13	11	23	31	30	19
56.	2	4	3	7	7	10	6	6
57.	1	—	2	—	2	—	—	—
58.	—	—	—	—	—	1	—	—
59.	2	—	3	—	5	3	3	1
60.	2	1	3	3	3	5	—	—
Summa	18	15	29	25	48	58	58	43

Die seltenere Verwendung der E-verse in beiden Halbzeilen betrifft namentlich die sonst gebräuchlichsten Typen 55 (*weord-myndum þāh*) und 56 (*wlite-beorhtne wang*), die im Vergleich zum Beowulf und anderen Gedichten in der Gen. B sehr zurücktreten.

Grundform IV^a. C (61—70).

Typus	Genesis B		Genesis B °/oo		Beowulf 1—1000		Genesis A °/oo	
C^1 61.	7	2	11	3	6	2	30	13
62.	16	2	26	3	15	3	18	9
63.	—	—	—	—	2	—	5	2
C^2 64.	19	5	31	8	50	23	25	22
65.	16	7	26	11	54	18	32	22
66.	9	12	15	20	26	9	19	6
C^3 67.	7	36	11	59	25	61	19	55
68.	8	16	13	26	3	45	6	28
69.	15	42	25	68	6	41	19	48
70.	1	—	2	—	1	3	—	—
Summa	98	122	159	198	188	205	173	204

Die Gesamtzahl der C-verse stimmt fast mit der des Beowulf überein; in den Unterarten treten jedoch grosse Verschiedenheiten hervor. In der ersten Halbzeile stehen die Typen 61 (*swā rīxōde*), 62 (*him sē yldesta*), 68 (*ic tō sǣ wille*), 69 (*on fæder bearme*), in der zweiten die Typen 66 (*ofer lagu-strǣte*) und 69 öfter als im Beowulf; dafür aber sind die Typen 64 (*in geār-dagum*) und 65 (*þæt ic sǣnæssas*) in beiden, 66 und 67 (*on bearm scipes*) in der ersten, 68 in der zweiten Halbzeile erheblich seltener.

Die Gesamtzahl der D^1-verse der Gen. B beträgt in der ersten Halbzeile nur die Hälfte, in der zweiten nur den vierten Teil der entsprechenden Verse des Beowulfliedes. Demnach sind auch fast alle Unterarten dieser Grundform in der Gen. B seltener vertreten als im Beowulf. Am grössten ist die Differenz in beiden Halbzeilen bei Typus 74 (*sǣ-līdende*) und 80 (*fēond man-cynnes*), in der zweiten bei Typus 71 (*stīg wīsōde*), 72 (*gode þancōde*) und 81 (*frommm feoh-giftum*).

Grundform IV_b. D^1 (71—90).

Typus	Genesis B		Genesis B $^0/_{00}$		Beowulf 1—1000		Genesis A $^0/_{00}$	
71.	3	2	5	3	2	24	9	18
72.	2	1	3	2	—	11	9	11
73.	2	—	3	—	10	—	2	—
74.	2	—	3	—	15	19	12	8
75.	5	6	8	10	8	14	3	2
76.	1	—	2	—	2	—	1	—
77.	2	—	3	—	12	—	4	—
78.	—	1	—	2	5	4	2	—
79.	5	—	8	—	18	—	11	—
80.	1	2	2	3	8	10	16	3
81.	4	—	7	—	14	9	8	3
82.	3	—	5	—	6	—	8	—
83.	—	—	—	—	4	2	—	—
84.	1	-	2	—	—	1	1	—
85.	7	—	11	—	10	—	4	—
86.	—	1	—	2	3	2	1	3
87.	—	—	—	—	1	2	—	1
88.	1	—	2	—	2	1	2	—
89.	2	1	3	2	8	2	16	6
90.	—	1	—	2	5	3	1	2
Summa	41	15	67	25	133	104	110	58

Zum Schluss mache ich noch auf einige metrische Eigenheiten der Gen. B aufmerksam, durch welche ihre nahe Beziehung zum Heliand erwiesen wird. Vor allem betone ich das zahlreiche Vorkommen der sog. Schwellverse; sie treten wie im Heliand immer in grösseren Massen auf, selten nur vereinzelt; so z. B. 252—261, 282—288, 299—304, 389—408.

Der Praxis des Heliand entsprechend finden wir ferner in der Gen. B weit öfter als in anderen ae. Gedichten einen Auftakt auch vor A-versen, und zwar nicht blos ein Præfix, z. B. Gen. 294 *ā-* | *hebban wið his hearran;* 442 *an-* | *gan hine þā gyrwan;* 647 *forlēc hīe þā mid ligenum* u. ö., sondern auch selbstständige Wörter, wie z. B. Gen. 420 *mid* | *welan beuunden;* 482 *mid* | *swāte and mid sorgum;* 504 *ne* | *wurde on worulde;* 506 *tō* | *þance geþēnōd;* 521 *þīn* | *hearra þūs helpe;* vgl. Gen. 542. 655. 678. 731. 770. 814. 830.

Wie im Heliand stehen in der Gen. B im Eingange der B-verse vor dem Hauptstabe oft schwer betonte Wörter, also z. B. Verba: Gen. 235 *forlǣtađ þone ǣnne bēam;* 238 *and sǣdon ealles þanc;* 272 *pōhte þurh his ānes cræft* etc. Dafür, dass Gen. B von einem Altsachsen in das Altenglische übersetzt ist, spricht ferner die mit dem Heliand übereinstimmende Eigentümlichkeit, die Endung *-ian* der Verba der zweiten schw. Conjug., die sonst im Altenglischen stets zweisilbig gemessen wird (z. B. *Heorot fælsīan*, B. 432), im Versausgange einsilbig zu brauchen, z. B. Gen. 257 *drihtne þancian;* 264 *nolde gode þēowian;* 268 *þēodne þēowian;* 367 *and wē þis wīte þolien;* 633 *heofon-rīces þolian;* vgl. Hel. 4442 *diublun thionōn.* Zweisilbige Messung erscheint in der Gen. B nur in dem Worte *weorþīan*, 310 *noldon weorþīan;* 329. 353 *word weorþīan.*

Alliteration.

Wie in der Gen. A (s. o. S. 94) finden wir hier in einigen Fällen den Hauptstab auf der ersten, schwächer betonten Hebung eines B- oder C-verses, nämlich Gen. 684 *and spēon hine ealne dæg* (Typus 31); 241 *stōd his handgeweorc* (Typus 34); 446 *wand him up þanon* (Typus 67; vgl. Gen. 493 *and wende hine eft þanon);* 762 *hwearf him eft nider* (Typus 67), zweimal auch im Eingange eines Schwellverses, Gen. 256 *lof sceolde hē | drihtnes wyrcean* (Typus 1*); 306 *fēollon þā | ufon of heofnum* (Typus 6*).

Doppelalliteration erscheint in der Gen. B erheblich öfter als in den bisher betrachteten Gedichten; von den 615 Versen des Bruchstücks haben nämlich 366 doppelte und 249 einfache Alliteration. Der Grund hierfür ist das stärkere Auftreten der „Schwellverse" und der normalen A-verse mit stärkerer Füllung des ersten Taktes, bei denen Doppelalliteration unerlässlich ist. Auf die sechs Grundformen verteilt sich die Doppelalliteration folgendermassen:

	A	B	D^2	E	C	D^1	Summa.
Doppel-All.:	242	38	18	12	25	31	366
Einf. All.:	90	67	3	6	74	9	249

Auch in der Auswahl der zu Trägern der Alliteration dienenden Laute unterscheidet sich die Gen. B auffallend von allen anderen ae. Gedichten.

	Vocale	b	c	d	f	g	h	l	m
Genesis B	92	29	2	25	31	45	123	61	32
Gen. B °/₀₀	150	47	3	41	50	73	200	99	52
Beowulf	158	62	15	29	101	88	117	47	80
Gen. A °/₀₀	195	49	23	35	117	45	69	56	59

	n	r	s	sc	sp	st	t	þ	w
Genesis B	3	8	39	4	4	5	7	11	94
Gen. B °/₀₀	5	13	63	7	7	8	11	18	153
Beowulf	17	15	111	14	1	4	5	25	110
Gen. A °/₀₀	20	29	97	9	3	12	9	22	141

Der am häufigsten alliterierende Laut ist also h, das allein schon 20 °/₀ aller Verse einnimmt. Danach folgen w und vocalische Alliteration mit je 15 % und l mit 10 %. so dass diese 4 Laute, h, w, Vocal, l allein schon $3/5$ aller Verse (370 von 615) in Anspruch nehmen. Alle andern Laute sind demnach im Vergleich zum Beowulf und zu anderen ags. Gedichten viel seltener gebraucht.

Verfasser.

Wie bereits oben (p. 73 f.) hervorgehoben, ist nach den Ausführungen von Sievers (Der Heliand und die ags. Genesis) und Braune (Neue Heidelberger Jahrbücher IV, 234) als eigentlicher Verfasser der Genesis B der Dichter des alts. Heliand anzusehen. Um eine Lücke in der ae. Genesis A auszufüllen, wurde dieses Stück aus der altsächsischen Bibelübersetzung in das Altenglische übersetzt. Mit Braune (l. c. p. 225) bin ich der Meinung, dass die Verse 371—420 nicht von dem Uebersetzer eingeschoben sind, sondern gleichfalls dem alts. Originale angehören.

Ergebnisse.

Die vorstehende Untersuchung hat auf Grund der Metrik für die Verfasserfrage der sog. Caedmonschen Dichtungen folgende Resultate ergeben:

1) Die vier Gedichte Genesis, Exodus, Daniel und Satan rühren von verschiedenen Verfassern her.

2) Die Genesis B (V. 235—851) ist aus der altsächsischen, von dem Verfasser des Heliand herstammenden Bibeldichtung in das Altenglische übersetzt worden. Genesis A (V. 1 bis 234; 852—Schluss) ist von einem einzigen Dichter geschrieben.

3) Der Exodus ist kein einheitliches Ganzes. Als sicher interpoliert ist die VI. Fitte (V. 362—445) zu betrachten. Dagegen ist Strobls Behauptung, dass die beiden ersten Fitten gleichfalls spätere Zusätze sind, zurückzuweisen.

4) Das Azariaslied im Daniel (V. 280—410) ist nicht, wie Balg und Steiner behaupten, von einem andern Dichter interpoliert worden, sondern, wie Hofer annimmt, von dem Verfasser des Daniel selbst in sein Werk hineingearbeitet.

5) Das Gedicht Christ und Satan rührt in der überlieferten Fassung von ein und derselben Hand her. Ob demselben ein älteres einheitliches Original oder drei selbständige Gedichte zu Grunde liegen, muss dahingestellt bleiben.

Berichtigungen:

S. 4, Z. 14 lies: sich mit Hilfe. — S. 69, Z. 9 v. u. lies: ist es wiederum, zu.